Das große Buch der Alpensagen

Das große Buch der Alpensagen

Bilder von Maria Rehm
Nacherzählt von Gretl Voelter

Aufbau-Verlag Berlin und Weimar
1987

Mit einer Einleitung von Eugen Thurnher

ISBN 3-351-00001-4

1. Auflage 1987
Aufbau-Verlag Berlin und Weimar
Ausgabe für die Deutsche Demokratische Republik
und das sozialistische Ausland
mit Genehmigung des Pinguin-Verlags Innsbruck/Tirol

Druck und Binden Offizin Andersen Nexö, Graphischer Großbetrieb,
Leipzig III/18/38
Printed in the German Democratic Republic
Lizenznummer 301. 120/88/87
Bestellnummer 613 355 4
01980

Inhaltsverzeichnis

Vom Geist unserer Alpensagen

Es sind mehr als hundert Jahre vergangen, seit Theodor Vernaleken seine „Alpensagen" erscheinen ließ. Seine Sammlung umfaßt — wie er in seinem Vorwort von 1857 schrieb — zum erstenmal das gesamte Gebiet von den Ufern des Genfer Sees bis zu den nordöstlichen Ausläufern der Alpen an der Donau.

Zwölf Jahre lang wanderte er Sommer für Sommer talaus, talein, saß bei den Hirten am Herdfeuer einsamer Alphütten oder lauschte dem Gespräch der Bauern am geselligen Wirtstisch, ließ sich von alten Mütterchen ins Fabelland ferner Vergangenheit entführen und beobachtete die Kinderschar bei Reigen und Spiel. Alles, was er erfuhr, zeichnete er gewissenhaft auf, ohne jede persönliche Zutat und ohne allen literarischen Ehrgeiz. Es ging ihm allein um die Sache, denn sie verbürgte den Bestand der volklichen Gemeinschaft durch die Jahrhunderte.

Es versteht sich, daß lange nicht alles, was Vernaleken der Aufzeichnung für wert fand, wirkliche Sagen sind. Kinderreime und Kultbräuche, Weistümer und Erlebnisberichte, mythologische Erklärungen und historische Tatsachen finden sich unter die Sagen verstreut. Es sind Volksüberlieferungen im weitesten Sinne, die Vernaleken als Abglanz unverkennbaren Heidentums unserer Ahnen, ja wohl sogar als Spuren des gemeinsamen indogermanischen Glaubens erkennen wollte. Er vernahm in diesen Zeugnissen den Atem der entlegensten Urzeit und sah in ihnen unmittelbare Hervorbringungen der unbewußt schaffenden Volksseele. Die Frage nach der Form der Erzählung wurde gar nicht gestellt.

Was ist eine Sage?

Wir müssen jedoch zunächst die Frage stellen, was eine Sage ist. Wenn sie auch eine vorliterarische Form darstellt und keinen bewußten Kunstwillen verrät, so drückt sich doch in ihrer Erscheinung eine innere Gesetzmäßigkeit des Empfindens und Gestaltens aus, welche die Struktur der Erzählung durchgehend bestimmt. Die Sage erscheint immer als mündlicher Bericht, der ein tatsächliches Geschehen wiedergibt, wobei der Erzähler den Glauben seines Zuhörers voraussetzt. Die Tatsächlichkeit und Glaubwürdigkeit der Erzählung werden dadurch unterstrichen, daß Ort und Zeit des Geschehens genau angegeben und die erlebenden Personen scharf charakterisiert werden. Während das Märchen eine unwirkliche Welt aufbaut, in der noch das Wunder nicht wunderbar, sondern selbstverständlich ist, bleibt die Sage in der realen Welt, die sie in ihren Hintergründen fassen und deuten will.

So ist das Geschehen der Sage nicht Ausfluß einer naiven Gerechtigkeit, die die Welt darstellt, wie sie sein sollte, sondern es entspringt dem menschlichen Handeln, das nach streng moralischem Maßstab als gut oder böse bewertet wird.

Glück und Leid unterstehen einem lückenlosen ursächlichen Zusammenhang, denn Moral und Geschehen sind unmittelbar miteinander verknüpft. Denn alles, was ihm im Guten oder im Bösen widerfährt, ist nicht Walten eines blinden Schicksals, sondern Ausfluß seiner persönlichen Entscheidung.

Der Lebensablauf eines Menschen ist in den lückenlosen Vollzug von Ursache und Wirkung hineingestellt. So greifen auch nicht — wie im Märchen — die überirdischen Mächte willkürlich in den Gang der Ereignisse ein, um sie zu Wohl oder Wehe des Einzelnen zu beeinflussen. Zwar besitzt auch das Weltbild der Sage einen streng zweisinnigen Charakter, doch die Welt des Diesseits und die Welt des Jenseits bleiben klar geschieden. Der Mensch lebt im Hier und Jetzt, so daß er das Jenseitige als das ganz andere erfährt, das jedoch darum nicht weniger wirklich ist. Beide Welten stehen zueinander im Gegensatz, woraus dem Menschen Leid und Trübsal, aber auch Glück und Segen entspringen kann, wenn er sich im einzelnen Fall richtig entscheidet.

Wovon erzählen die Sagen?

Befragen wir die Sagen nach ihren Gegenständen, so können wir zwanglos drei Gruppen unterscheiden:

Da sind zunächst die mythischen Sagen, die vom Leben und Treiben außerweltlicher Wesen berichten oder gewisse Vorgänge in Natur und Geschichte auf Eingriffe solcher Gestalten zurückführen. Dieser Überlieferungsbestand ist sehr alt, doch findet die Auffassung in der Tradition keine Bestätigung, daß solche Sagen vor mehreren tausend Jahren entstanden sind. Lebendig blieb nur ein Urwissen, dem in zeitlich verschiedenen Abständen neue Erfahrungen eingeschmolzen wurden. Nur dieses fortdauernde Widerspiel von Erleben und Wissen, Erfahrung und Überlieferung, Tat und Mythos erklärt uns die bruchlose Lebendigkeit solcher Vorstellungen. Diese Überlieferung wahrt ihre Gültigkeit gegenüber den vielen Überschichtungen der vorgermanischen Völker in den Alpen und wird auch durch den Übergang vom heidnischen zum christlichen Glauben kaum berührt. Die alten Sagengestalten empfangen neue Betonungen, aus bösen Geistern werden Teufel, die Glückbringer verwandeln sich in göttliche Boten, Engel oder Heilige, aber der mythische Vorgang und die magische Kraft werden nicht verändert. Vielfach können wir diese vorchristlichen Schichten nur noch an den Namen erkennen. In den Venedigermännlein, die besonders gesteinskundig sind und das Gold in den Bergen zu finden wissen, erblicken wir Reste des Volksstammes der Veneter, der den Bergbau in den Alpen begründet hat; die Fenggen und Saligen stehen im Zusammenhang mit einem alten Totenkult, dessen Ursprung und Form für uns kaum mehr erkennbar ist, dessen Reflex uns aber in der plötzlichen Abberufung des Dienstvolkes begegnet; Hexen und Bütze, wilde Männer und böse Geister, Riesen und Zwerge, schwarze Katzen und feurige Hunde, Drachen und Schlangen treten uns in den Alpensagen überall entgegen. Die schönste Verkörperung hat diese mythische Welt im

König Laurin erfahren, der im Rosengarten in steiler Felswand sein Reich besitzt, ehe die geschichtliche Macht, die Dietrich von Bern vorstellt, diesen ewigen Traum der Schönheit zerstört.

Da begegnet uns die historische Welt in der Sage. Sie bildet den Vorwurf des zweiten Kreises. In vielen Alpensagen wird von geschichtlichen Ereignissen berichtet, doch das geschichtliche Faktum bildet nur den Hintergrund, denn die Ausdeutung folgt nicht historischen Gesetzen, sondern der ungeprüften Vorstellungswelt des urtümlichen Menschen. So wird die Rettung der Stadt Bregenz in den Appenzeller Kriegen einem alten Weiblein, Ehrguta, zugeschrieben, das den Anschlag der Schweizer belauschte, die bedrohte Gemeinde dann rechtzeitig warnte, weshalb ihr die Stadt ein bleibendes Gedenken gestiftet hat. Ein bescheidener geschichtlicher Kern wird von der schöpferischen Phantasie des Volkes zu einem Bild menschlichen Heldentums verklärt, weil der einfache Mensch Rettung und Entsatz einer Stadt nicht als anonymes kriegerisches Unternehmen, sondern nur als mutige Tat einer Einzelgestalt zu erfassen vermag. Den gleichen schöpferischen Vorgang können wir auch bei der Tellsage beobachten. Auch da ist der geschichtliche Tatbestand dürftig, es bleibt ein einzelner Mann, auf den die historische Befreiung der Waldstätte von der österreichischen Herrschaft übertragen wird. Tell wird zur Führergestalt, in der das Volk sich in seinem politischen Wollen versteht. Dagegen ist die Erzählung von der Entstehung des Passionsspieles in Oberammergau mehr Legende als Sage. Wichtig bleibt zwar das historische Datum von 1633, doch ist das Geschehen nicht eigentlich Werk des menschlichen Entschlusses, sondern Einfluß der göttlichen Gnade. Oft läßt sich die innere Gesetzmäßigkeit der Entstehung nicht klar verfolgen.

Jedenfalls erklärt die Erzählung die Entstehung eines großen künstlerischen Ereignisses. Dieser Trieb, Gewordenes zu verstehen und Bestehendes zu erklären, ist das Motiv der Erklärungssagen. Sie bilden die dritte Gruppe. Überall ist der Mensch der Alpen von großartigen Naturerscheinungen umgeben, die ihn entzücken oder bedrängen, jedenfalls aber eine Erklärung verlangen. Denn das Bestreben des Volkes, die Rätsel, die sein einfaches Dasein umgeben, zu lösen, ist so alt wie die Menschheit selbst. Diese Sagen nehmen den Ausgang von der Erklärung bestimmter Naturerscheinungen, wobei nicht die Naturgesetze, sondern die urtümlichen Erfahrungen des einfachen Menschen die Gründe darbieten. In diesen Zusammenhang gehören die Sagen von Vergletscherungen und Vermurungen, durch welche meist blühende Siedlungen versinken. Öfters sind diese Naturkatastrophen Strafen für das sündige Verhalten der Bewohner, so daß wir es dabei mit einer sekundären Erklärung eines auffälligen Naturphänomens zu tun haben. Ein besonders schönes Beispiel ist die Sage von der Frau Hitt. Eine bizarre Felszacke der Nordkette über Innsbruck wird als reitende Frau gedeutet, welche für ihre Hartherzigkeit der Fluch der Versteinerung traf. Merkwürdigkeiten verschiedener Art begegnen dem Alpenbewohner auf Schritt und Tritt. In Gastein sind es heiße Quellen, die aus dem Boden sprudeln, in Saleuscex in der Schweiz ist es ein eigenartiger Turm, dessen Form zum Nachdenken Anlaß gibt, und im Rosental in Salzburg ein Findling, dessen Herkunft sich niemand erklären kann. Die Sage fragt nach dem Warum und Wozu, und sie findet eine Antwort, die dem urtümlichen Menschen gibt, was er sucht. Sie macht ihm am einzelnen Phänomen die große Ordnung sichtbar, in der sein eigenes Leben sicher ruht.

Zur vorliegenden Ausgabe

Darum muß die Sage, wenn sie lebendig bleiben will, immer neu erzählt werden. Sagen vergehen, Sagen entstehen jeden Tag. Überall dort, wo Erlebnisse nicht nach logischen Gesetzen verstanden, sondern aus dem ererbten Schatz der Überlieferung gedeutet werden, entsteht eine neue Sage, ist die Geschichte auf dem Wege zum Mythos.

Diesem Gesetz ist die Überlieferung selbst unterworfen. Wer heute Sagen nacherzählt, muß gleichsam seine Individualität vergessen, um das Geschehen, das er zu berichten hat, aus dem Geiste der Tradition zu begreifen. Das fordert vom Erzähler zunächst Verzicht. Aber in diesem Verzicht liegt zugleich seine Größe. Denn er erzählt in Bildern, die durch keinen menschlichen Fortschritt entwertet werden können.

In diesen deutenden Bildern ist das Urwissen der Welt aufbewahrt.

Eugen Thurnher

Das Grubenmännlein vom Röhrerbühel

Vor langer Zeit wurde in der Gegend von Kitzbühel noch der Silberbergbau betrieben, und die Knappen arbeiteten eifrig in den Stollen und Schächten des Röhrerbühels und förderten viel kostbares Erz zutage.

Diesen Reichtum hatten einst gutmütige Grubenmännlein an drei Bauern im Traum verraten. Als die Bergleute daraufhin tatsächlich Silberadern fanden, kannte aber ihre Gier bald keine Grenzen mehr, und sie schürften immer tiefer in den Berg hinein und belästigten die Zwerge so sehr bei ihrer Arbeit, daß sie zuletzt erzürnt das Weite suchten.

Nur einer von ihnen, ein mürrischer, alter Kauz, blieb dem Berge treu und hauste so wild in den endlosen Gängen und Stollen, daß bald kein Knappe mehr in die Tiefe zu fahren wagte, denn Sturzbäche und schlagende Wetter bedrohten jegliches Leben. Und so verfiel dieses große, ergiebige Bergwerk. Unerschlossen ruhen jetzt die Schätze im Röhrerbühel.

Nachdem das Grubenmännlein die Knappen vertrieben hatte, verfielen die Gänge, und zahlreiche Schächte standen unter Wasser. Den alten Zwerg jedoch ergriff manchmal große Sehnsucht nach menschlicher Gesellschaft.

In hellen Mondnächten kauerte er traurig vor dem verwahrlosten Eingang des Stollens oder schlich bei Wind und Wetter zu den Dörfern und Gehöften und spähte neugierig durch die Fenster.

Die Leute aber mieden die Gegend am Röhrerbühel. Das verfallene Bergwerk war ihnen nicht geheuer. Nur junge Paare aus der Umgebung trieben sich an milden Sommerabenden gerne dort herum, denn es war einsam und schön unter den breiten Tannen. Die Sterne blinkten über dem Kitzbüheler Horn, der Mond goß sein Silberlicht über Wiesen und Wälder, und Glühwürmchen erhellten die Dunkelheit mit phosphoreszierendem Schimmer.

Unter einem mächtigen Baum saß Traudl, eine arme, verwaiste Bauerndirn, mit ihrem Bräutigam. Der Platz war ganz nach ihrem Geschmack, und sie lachten und neckten einander, wie es junge, verliebte Leute gerne tun. Christoph, so hieß der Bursche, wollte bald heiraten, das Mädchen aber hatte große Zukunftspläne.

Es war schon spät, als die beiden sich trennten und in entgegengesetzter Richtung den Heimweg antraten. Traudls Weg führte beim Stollen vorbei. Schon von weitem hörte sie helles, taktmäßiges Klopfen und Klingen. Als sie zum Stollen kam, stand das Tor weit offen, und ein matter Lichtschimmer glomm aus der Tiefe.

Es war ihr unheimlich zumute, aber die Neugierde besiegte ihre Furcht und trieb sie vorwärts. Vorsichtig und leise trat sie ein und schritt durch einen langen Gang dem Lichte entgegen.

Auf einmal tat sich eine weite Höhle auf, und sie sah ein uraltes, bärtiges Männlein, auf einem Felsblock sitzend, eifrig nach Art der Bergleute auf das Gestein loshämmern. Ein großer Karfunkel auf der Brust des Zwerges erstrahlte in hellem Schein und ließ das Erz in vielen Farben von den Wänden blinken. Schon wollte sich das Mädchen wieder entfernen, da hielt der Alte plötzlich in seiner Arbeit inne. Wie ein Jüngling sprang er auf, als er das schöne, junge Ding bemerkte, und seine Augen blitzten vor Vergnügen. Er hielt die Dirn am Kleide fest und bat sie, noch ein wenig zu verweilen und ihm Gesellschaft zu leisten.

Traudl war einverstanden und erzählte bereitwillig, wie sie hier hereingekommen sei. Da sie außer ihrem Christoph keine Menschenseele hatte, vertraute sie dem Grubenmännchen ihre Pläne, Sorgen und Wünsche an. Der Zwerg hörte aufmerksam zu, dann lächelte er verschmitzt und verschwand in der Tiefe des Schachtes.

Nach kurzer Zeit kam er zurück mit einem schweren Barren in den Händen, den er dem Mädchen mit den Worten reichte: „Da, nimm, mein liebes Kind, das ist reines, körniges Silber aus der Schatzkammer des Berges, zu der noch kein Menschenauge gedrungen ist. Ich will dich zur reichsten Dirn weit und breit machen und stelle dir nur eine Bedingung: jeden Sonnabend um diese Stunde mußt du mich besuchen."

Geblendet vom Glanz des edlen Metalles, willigte Traudl ohne Zögern in den Handel ein. Sie hielt ihr Versprechen. Jeden Samstag nach der Zusammenkunft mit Christoph besuchte sie das Grubenmännlein, das sie schon beim Eingang erwartete. Durch die Gesellschaft des frischen, jungen Mädchens wurde der alte Gnom froh und vergnügt, und jedesmal, wenn Traudl sich zum Heimgehen anschickte, wurde sie königlich beschenkt.

Nun hatten die Leute zu reden und zu tuscheln, niemand konnte sich erklären, wieso die arme, verwaiste Bauerndirn so plötzlich zu Geld gekommen war. Sie hatte sich einen großen Hof bauen lassen, gesundes Vieh stand in den Ställen, Felder und Wiesen umgaben das stattliche Anwesen. Schmuck und schöne Kleider hatte sie in Fülle.

Man sollte meinen, daß das Mädchen nun glücklich darüber war, aber der unerwartete, mühelos erworbene Reichtum hatte sein einfaches, fröhliches Wesen verwandelt. Traudl wurde hochmütig und launenhaft, ungerecht und selbstsüchtig, und der treue Christoph hatte viel zu leiden.

Bald brach mit Schnee und Kälte der Winter herein, und es wurde ihr unbequem, den versprochenen Besuch bei dem Grubenmännlein zu machen. Allmählich vergaß sie ihren Wohltäter ganz. Sie hatte alles, was sie sich nur wünschen konnte, und brauchte ihn nicht mehr.

In einer stürmischen Dezembernacht brach plötzlich in dem Anwesen des reichen Mädchens Feuer aus. Es brannte zu gleicher Zeit an allen Ecken und Enden, im Wohnhaus, in den Ställen und Scheunen. Lichterloh schlugen die Flammen aus den Dächern, der Sturm fachte die Glut zu einem einzigen brausenden Feuermeer an. Mit knapper Not konnte Traudl ihr Leben retten.

Sie schrie um Hilfe und weinte bitterlich — aber die Nachbarn, die neugierig herbeigeeilt waren, standen wie angewurzelt herum und rührten keinen Finger.

Die Dirn war ihnen zu anmaßend geworden, ihr Reichtum war zu rätselhaft, als daß sie ihr Leben gewagt hätten, um die wild um sich greifende Feuersbrunst zu bändigen.

Ein häßliches, kleines, graues Männlein hüpfte vergnügt umher und rief mit heiserer Stimme: „Wie gewonnen, so zerronnen!"

Nun war Traudl ärmer als je zuvor. Nichts war ihr von Geld und Gut geblieben als das drückende Gefühl der Schuld. Sie wußte nur zu gut, daß sie Christoph in ihrem Übermut gequält und vernachlässigt und daß sie ein gegebenes Wort nicht gehalten hatte.

Ihr treuer Liebhaber nahm sie aber mit offenen Armen auf. Er war beinahe glücklich über das Unheil, das seine Liebste getroffen hatte, denn dadurch war sie ihm wiedergegeben. Er verzieh ihr alles, und im Mai sollte endlich die Hochzeit sein.

Als der Frühling mit seinen linden Nächten, mit berauschendem Duft und Nachtigallenschlag seinen Einzug hielt, hatten sie wieder ihre Zusammenkünfte auf dem Röhrerbühel. Am Abend vor der Trauung trafen sie sich noch einmal auf ihrem Lieblingsplatz. Schweigsam saß das Paar im weichen Moos unter dem mächtigen Tannenbaum.

Es war fast Mitternacht, als sie sich trennten. Beim Eingang zum Stollen hörte Traudl wieder den vertrauten Klang des Stufeisens, und der matte Schimmer des Karfunkelsteines drang aus der Tiefe. Unschlüssig und mit bangem Herzen blieb sie stehen, dann ging sie zögernd den wohlbekannten Weg hinunter zu der Höhle, in der das Grubenmännlein auf den Fels loshämmerte.

Als er die Dirn erblickte, lachte er wild auf und rief höhnisch: „Ah, da bist du ja, mein Täubchen! Ich soll dir wohl jetzt deinen Undank lohnen? Nun, so komm mit, ich will dir meine Reichtümer zeigen."

Sein Antlitz war bleich und eingefallen. Haar und Bart hingen wirr um die verzerrten Züge, und die tiefliegenden Augen funkelten unstet wie die eines Wahnsinnigen. Mit eisernem Griff faßte er die Widerstrebende bei der Hand und zog sie mit sich fort, durch endlose Stollen und Gänge, von deren Wänden Gold und Edelsteine schimmerten. Endlich blieben sie stehen. Das Mädchen fuhr schaudernd zurück. Zu ihren Füßen gähnte ein finsterer Schlund, in dessen unermeßlicher Tiefe wilde Wasser tosten.

Vor ihren Augen riß der Zwerg den Karfunkel von seiner Brust und schleuderte ihn in den Abgrund: „Erlösche, Sonne des Schachtes, versinke, Reichtum des Berges, der alte Gnom führt seine Braut heim in das ewige Reich der Nacht!" rief er dröhnend, und schon hatten die Wildwasser ihn und sein Opfer verschlungen.

Der Hochzeitstag war angebrochen. In freudiger Erwartung stand der Bräutigam mit seinen Gästen vor der Kirche. Sie warteten vergebens. Es wurde Mittag, der Abend nahte, blutrot versank die Sonne hinter den Bergen, aber die Braut kam nicht. Tagelang wurde sie gesucht. Traudl war und blieb verschollen, und auch das Grubenmännlein hat seither kein Mensch wieder erblickt.

Die Schneemädchen

Wenn leichte Nebelschleier um die hohen Felsen der Tiroler Berge wehten, wenn sonnendurchglühte Silberwölkchen unbeweglich an den dunklen Bergflanken hingen, dann sagten die Hirten und die Bauern: „Die Schneemädchen haben wieder ihre Wäsche zum Trocknen aufgehängt."

Es waren hilfsbereite und holdselige Feen, die auf den sonnigen Plätzen der höchsten Gipfel hausten, und dort, wo im Frühling die gefransten Glöckchen der Soldanellen neben dem eisigen Gletscher blühten, hielten sie sich am liebsten auf.

Sie schützten die Herden auf den hochgelegenen Weideplätzen und warnten die Hirten rechtzeitig vor heraufziehenden Gewittern, damit sie zur Alm heruntersteigen und das Vieh in Sicherheit bringen konnten. In duftige Schneegewänder gehüllt oder mit glitzernden Eiskristallen bedeckt, glichen diese Zauberwesen den dunkelhaarigen Alpenfeen der Schweiz.

Die Weißen Mädchen hatten den Hirten schon viele Wohltaten erwiesen, aber kaum einer bekam sie je zu sehen, denn nur ein unschuldiger Jüngling konnte es für gewöhnlich wagen, bis in ihre Regionen vorzudringen.

Im sanften Dämmerlicht des Abends saßen sie auf den warmen Felsblöcken und sangen so unbeschreiblich schön, daß keine menschliche Stimme den ihren an Wohllaut gleichkam. Sogar die Vögel verstummten und lauschten den märchenhaften Liedern.

Einst hörte ein Schäfer diesen Gesang, der ihn so betörte, daß er wie gebannt unter den Felsen stehenblieb, bis die Nacht sich dunkel über die Berge senkte. Erst als der Mond am Himmel aufgestiegen war und sein mildes Licht über Täler und Höhen goß, erinnerte er sich seiner Herde. Auch seine junge Frau wartete gewiß schon voller Angst auf ihn. Schnell eilte er also der Hochalm zu.

Aber am nächsten Abend zog es ihn wieder auf unerklärliche Weise in die Nähe der blonden Feen, und wieder lauschte er andächtig ihrem Gesang. Wie glücklich war erst der Schäfer, als die Schneemädchen ihn plötzlich umringten. Freundlich luden sie ihn ein, in ihren unterirdischen Palast zu kommen. Dort führten sie ihn umher und zeigten ihm große Schätze an Gold und Edelsteinen und ihre unzähligen Gemsen.

Der Hirte kehrte wie verzaubert heim und sprach kein Wort über das Erlebte. Wenn er dann tagsüber seine Schafe hütete und abends in seine bescheidene Hütte kam, erfüllte ihn eine unsagbare Traurigkeit. Die Welt schien ihm unendlich öd und leer, und die Gesänge der blonden, blauäugigen Schneemädchen klangen ihm immer noch im Ohr. Er träumte von ihrem funkelnden Palast in der Höhle des Berges und verglich sein eigenes einfaches Heim damit.

Das junge Weib des Hirten war sehr traurig über die plötzliche Veränderung, die in dem Wesen des Mannes vor sich gegangen war. Sie konnte es sich einfach nicht erklären, was die Ursache seines merkwürdigen Betragens sein mochte. Oft kam jetzt der Schäfer erst spät abends heim, oder er ging noch in der Nacht fort, aber sie konnte nicht herausfinden, wohin es ihn so ruhelos trieb. Tag und Nacht zermarterte sich die arme Frau den Kopf, wie sie das Ziel der geheimnisvollen Ausflüge ihres Mannes erkunden könnte. Da kam ihr ein rettender Gedanke.

Als der Schäfer eines Abends wieder fortging, steckte sie ihm, ohne daß er es merkte, ein Garnknäuel in die Tasche, dessen Ende sie aber fest in ihrer Hand behielt. Der Hirte machte sich nichtsahnend auf den Weg, und der Faden wikkelte sich langsam ab. Es dauerte eine geraume Zeit, da spürte die junge Frau plötzlich, daß das Knäuel stillstand. Eilends ging sie dem Faden nach und gelangte so zu der Höhle der Weißen Mädchen. Vorsichtig trat sie ein und sah voll Staunen ihren Mann inmitten der schönen Zauberinnen, von Gemsenrudeln umgeben, den herrlichen Liedern der Feen lauschend.

Da begann sie bitterlich zu weinen, und in ihrer wilden Verzweiflung verwünschte sie die Schneemädchen, die so großes Unglück über ihre junge Ehe gebracht hatten. Kaum aber hatte sie den Fluch ausgesprochen, als die Sängerinnen mitsamt ihren Herden aus der edelsteinfunkelnden Höhle verschwunden waren und nie mehr wiederkehrten.

Der Hirte aber ging mit seiner klugen, jungen Frau in die Almhütte zurück. Mit Zärtlichkeit und Liebe gelang es ihr, seine traurigen Gedanken zu vertreiben. Allmählich trug wieder das einfache Leben den Sieg davon, der Schäfer vergaß das zauberhafte Erlebnis und wurde so froh und glücklich, wie er nie zuvor gewesen.

Die Katzenkönigin

In den Bergen Tirols hütete einst ein junger Schäfer seine Herde. Still war es ringsum, und so saß er, in Gedanken versunken, auf einem bemoosten Stein. Sein treuer Hund lag neben ihm, blinzelte ab und zu in die Sonne oder schaute bittend zu seinem Herrn auf. Aber der Bursche war mit seinen Gedanken weit weg, bei seinem blonden Schatz, daß er seine Umgebung gar nicht wahrnahm.

Der Nachmittag neigte sich schon dem Abend zu, und die Dämmerung mit ihrem bläulichen, ungewissen Licht brach an. Da sprangen plötzlich um den Schäfer eine Unmenge von Katzen herum. Es gab da alle Arten: schwarze, weiße, getigerte und rotgefleckte, blauäugige Siamkätzchen und andere mit grüner Iris. Woher waren sie nur auf einmal gekommen?

Der Hund war aufgesprungen, seine Rückenhaare sträubten sich, und er knurrte vor Angst. Die merkwürdigen Tiere, die alle einen sonderbaren Eindruck machten, hatten sich hier anscheinend zum Tanz versammelt. In ihrer Mitte war eine Katze, größer und schöner als die übrigen, die schien die Königin zu sein.

Und nun begann ein wilder Reigen. Die Katzen sprangen, hüpften und tanzten nach einem nur ihnen hörbaren Rhythmus. Sie schrien und miauten unentwegt und vollführten einen Höllenlärm. Am wildesten aber trieb es die Königin in ihrer Mitte, und ihre Augen funkelten dabei unheimlich in der Dämmerung.

Nachdem der Hirte dem wüsten Treiben eine Zeitlang zugesehen hatte, stand er auf, nahm seinen derben Bergstock und näherte sich damit den springenden und schreienden Tieren. Er holte aus und traf die Katzenkönigin mit einem kräftigen Schlag. Das schöne Tier miaute erbärmlich und blieb schwer verwundet liegen. Mit gesträubten Haaren und glühenden Augen umringten die Katzen ihre Königin, sie liefen im Kreis, immer schneller, immer enger, und auf einmal war der tolle Spuk so plötzlich verschwunden wie er gekommen war.

Zu seiner großen Verwunderung fand der Schäfer an derselben Stelle, an der die Katzen getanzt hatten, im Mondlicht einen abgehackten Finger, an dem ein Ring steckte. Er erkannte das Schmuckstück sofort wieder. Die Frau seines Bauern hatte den Ring stets an ihrer rechten Hand getragen.

Düstere Gedanken stiegen in dem Hirten auf. Es fielen ihm Geschichten von Hexen ein, wie sie an langen Winterabenden in den Spinnstuben erzählt wurden, und er wußte auch, daß diese gefährlichen und unheimlichen Frauen gerne die Gestalt der Katzen annahmen. Eilends rief er seine Schafe zusammen und trieb sie in die Hürden, wo sie im Sommer die Nacht verbrachten. Dann machte er sich auf den Weg heim ins Tal. Als er spät nachts dort ankam, flüsterte ihm eine Magd zu, die Bäuerin sei schwer erkrankt und möchte mit ihm sprechen.

Die Unruhe des Burschen wuchs, und beklommen trat er in die Stube, aus der ihm die Kranke blaß, mit fieberglänzenden Augen entgegenstarrte. Stockend und unter Tränen bat die Frau ihn um die Rückgabe des Schmuckes. Es sei ein Zauberring, und sie versprach dem Hirten alles, was er sich nur wünschen mochte.

Die Bäuerin war stets gut zu ihm gewesen, und er hatte keinen Grund, ihr zu schaden. Doch der Schäfer war ein Kind seiner Zeit, und seine Angst vor den Qualen der Hölle war zu groß. Er wußte nun, daß seine Bäuerin eine Hexe war, und fühlte sich verpflichtet, dieser großen Sünderin zu helfen: Nur durch die läuternde Kraft der Flammen konnte ihre Seele vor der ewigen Verdammnis gerettet werden.

So behielt er den Ring. Er zeigte ihn am frühen Morgen dem Bauern und erzählte ihm alles. Dem finsteren, wortkargen Mann verschlug es zunächst den Atem. Lange saß er da und grübelte. Seine schöne, junge Frau war ihm schon längere Zeit recht merkwürdig vorgekommen, und nun begann er, sich vor ihr zu fürchten.

Anderen Tages machte sich der Bauer auf den Weg zur Stadt. Er war überzeugt, das Richtige zu tun, als er sein Eheweib der Hexerei beschuldigte.

Die Katzenkönigin aber endete, wie es der Glaube dieser finsteren Zeit verlangte, auf dem Scheiterhaufen.

Das Venedigermännlein

In der Gegend von Hall erhebt sich ein mächtiger Gebirgskegel mit dem sonderbaren Namen „Hoher Anlaß". Die Menschen im Tal erzählen sich manchmal von den Wundern, die er in seinem Innern verborgen hält. In dunklen Höhlen und geheimen Kammern des Berges wachsen seit Jahrtausenden edle Steine ihrer Vollendung entgegen.

Sie formen sich nach strengen Gesetzen und Ordnungen, einmalig klar und leuchtend in ihrer Vollkommenheit. Doch unentdeckt schlummern sie noch in der Tiefe, kein Mensch ist je zu ihnen vorgedrungen und nicht zu den gleißenden Goldadern, die reich verästelt das uralte Gestein durchziehen.

Auf der Oberfläche des Gebirges aber breiten sich Blumenwiesen der Sonne entgegen. Quellen entspringen dem Berg, klare, murmelnde Bäche durchziehen die Weiden, an ihren Ufern leuchten blaue Vergißmeinnicht und gelbe Dotterblumen aus smaragdgrünem Gras.

Mitten in diesem Paradies lag an einem Sommertag Friedl, der Geißhirt aus Thaur, im Schatten eines Wacholderstrauches. Das Gesumm der Bienen und Hummeln vertiefte die schläfrige Stille, leise fächelte der Wind durch die kräftigen Gräser, und manchmal bimmelte das Glöckchen einer Geiß, die eifrig die würzigen Kräuter abrupfte.

Der Knabe blinzelte ab und zu nach der Sonne, die sich schon den westlichen Bergen zuneigte. Da sah er auf einmal ein winziges Männlein in fremdländischer Tracht, das mühsam den steilen Pfad heraufkletterte.

Es keuchte vor Anstrengung, denn auf dem Rücken hing ihm ein seltsamer, kleiner Kasten aus Zedernholz. Graue Locken umflatterten ein bleiches, abgezehrtes Gesicht; tiefliegende Augen blickten daraus scharf und lebhaft umher und verrieten große Klugheit.

Wams und Hose der sonderbaren Erscheinung waren aus schwarzem, abgeschabtem Samt, die Strümpfe leuchteten hellrot an den dürren Beinen, und die Füße steckten in großen, schwarzen Schnabelschuhen mit riesigen Silberschnallen. Auf dem Kopf trug der Fremdling einen kleinen, runden Filzhut, und seine mageren Hände hielten einen kurzen Stab mit hammerförmigem stählernem Griff.

Der Kleine machte auf der Hochfläche halt, trocknete sich den Schweiß von der hohen, blassen Stirne und sah aufmerksam um sich. Da hatte er auch schon den Friedl entdeckt und eilte hastig auf ihn zu.

In gebrochenem Deutsch fragte er den Knaben: „Sein das hier Salzberg? Wo sein Hohe Anlaß? Laufen ick schon halbe Tag herum, kann nickt finden!" Der Junge sprang schnell auf die Beine und gab bereitwillig die gewünschte Auskunft, die das Männlein sehr erfreute.

Es lachte und rieb sich die Hände, da stand es ja auf dem gesuchten Berg. Auf-

atmend nahm es den schwarzen Kasten vom Rücken, stellte ihn behutsam in das Gras und öffnete ihn. Friedl sah neugierig zu.

Der Fremdling wählte von den blitzenden Instrumenten, welche da zum Vorschein kamen, einige aus und blickte dann mit angespannter Aufmerksamkeit um sich. Nach kurzer Zeit hatte er die richtige Stelle ermittelt, kniete nieder und schnitt mit einem scharfen Messer ein viereckiges Stück Wasen aus dem Weideland. Der Knabe sah darunter nur feuchte Erde, die eine auffallend rote Farbe hatte.

Der kleine Mann hantierte nun geheimnisvoll mit seinen Instrumenten und schöpfte schließlich eine ansehnliche Menge Erde heraus, aus der er zwölf kleine Kugeln formte, die er behutsam in seinem Kästchen verschloß. Aus dem Rest machte er einen festen Kloß, den er in seine Tasche senkte.

Verwundert hatte Friedl diesem seltsamen Treiben zugeschaut. Da wandte der Fremde sich wieder an ihn. Er bat den Jungen, ihm seine schwere Last bis zur Almhütte hinunterzutragen. Er wollte ihn dafür reichlich belohnen. Der gutmütige Geißhirt war gleich bereit, dem schwächlichen, kleinen Mann beizustehen.

Er hob das Kästchen auf seine Schultern und wunderte sich sehr, daß es so viel schwerer war, als er gedacht hatte. Das Männlein war fröhlich und guter Dinge, weil es einen so braven Helfer gefunden hatte. Schnell sprang Friedl die steile, steinige Berghalde hinunter.

Als er einmal haltmachte und zurücksah, bemerkte er, wie mühselig und langsam der Kleine vorwärtskam. Er war alt und gebrechlich. Mitleid regte sich im Herzen des Jungen, er wartete und half ihm behutsam bis zur Alm.

Dort bedankte sich der Fremdling herzlich bei dem Hirten und gab ihm zum Abschied die Kugel, welche er zuletzt geformt hatte, als Lohn für seine Hilfe und zum Andenken an ihn. Im nächsten Jahr um die gleiche Zeit wollte er wieder hier zur Stelle sein und den Knaben mit sich nehmen in die große, schöne Stadt am Meer.

Leise lächelte das sonderbare Männchen und versank in den Anblick der Landschaft, die gerade unter den letzten Strahlen der untergehenden Sonne aufleuchtete.

Dann wandte es sich noch einmal dem Jungen zu, sah ihn nachdenklich an und sprach zu ihm in seinem drolligen Deutsch: „Schönes Land hier, aber Leute sein blind und dumm. Placken sich um Pfennig und schlafen auf Zechinen."

Mit diesen Worten reichte der Fremde dem verblüfften Friedl die Hand. In der rasch eintretenden Dämmerung setzte er seinen Weg fort und war bald den Augen des Knaben entschwunden. In Gedanken rollte der Hirte seine Kugel von einer Hand in die andere. Er konnte nichts damit anfangen. Ein bißchen Geld wäre ihm wohl lieber gewesen. Trotzdem steckte er das Geschenk in seinen Rucksack und hob es zu Hause sorgfältig auf.

Im nächsten Jahr lag der Friedl wieder auf der schönen Weide am Hohen Anlaß. Es war der mit dem Fremden vereinbarte Tag, und er wartete.

Er dachte an die Reise, an das große, blaue Meer, von dem der Fremde erzählt hatte, an die weißen Schiffe und an die schöne, reiche Stadt mit ihren Plätzen und Palästen, mit dunklen Kanälen, auf denen Gondeln unter hochgeschwungenen Brücken hindurchglitten, von denen nächtlicherweile leise, schwermütige Lieder klangen. Aber das Männlein kam nicht. Es verging dieses Jahr und auch das nächste und das übernächste. Der Fremde ließ sich nicht mehr blicken.

Seitdem ist lange Zeit verstrichen, und aus dem fröhlichen Geißhirten ist ein tüchtiger, junger Mann geworden. In Hall hatte Friedl einen Bergherren kennengelernt, dem erzählte er eines Tages sein Erlebnis mit dem sonderbaren Kleinen. Aufmerksam hörte der Mann zu und bat, ihm doch die Kugel zu zeigen.

Friedl brachte sie bereitwillig, und der Bergherr wog sie in seiner Hand und schaute verwundert auf. Der kleine, kugelrunde Erdklumpen, der im Laufe der Jahre steinhart geworden war, hatte ein überraschend großes Gewicht. Nach genauer Prüfung stellte sich heraus, daß zwei Drittel davon pures Gold waren.

Nun wurde auf dem Hohen Anlaß eifrig gesucht, geschürft und gegraben. Viele Männer waren damit beschäftigt, dem Berg sein Geheimnis zu entreißen. Der glückliche Besitzer der goldenen Kugel mußte auf seine Almweide kommen, aber die Stelle, an welcher der Fremdling die Erde geholt hatte, konnte er nicht mehr finden.

Alle Mühe war umsonst, und keine Spur von dem ersehnten Gold kam je ans Tageslicht. Er selbst aber war ein gemachter Mann, und oft gedachte er in Dankbarkeit des Venedigermännleins, das ihn so reich beschenkt hatte.

Der Rautenkönig

Auf Vorberg, einer schönen Alpe im Glungezergebiet, wo schroffe Felsen ringsum in den Himmel starren und die Wände senkrecht hinab zum Wildsee stürzen, den die Leute Schwarzbrunnen nannten, lebten einst den Sommer über drei Melker. Die Burschen hießen Kaspar, Melchior und Balthasar, und im Dorf nannte man sie zum Spaß die Heiligen Drei Könige.

Der Name paßte schlecht zu diesen verwegenen Gesellen. Besonders die beiden älteren waren überaus roh und wild. Sie schleuderten Felsstücke in den Schwarzbrunnen, nur um die Ruhe der Wassergeister zu stören, sie balgten sich mit bösartigen, großen Stieren herum, statt beim Aveläuten zu beten.

Nur einer, Balthasar, der Jüngste, hatte ein weiches, gutes Herz. Er liebte Kinder, Tiere und Blumen und stieg an schönen Sonntagen in den Felswänden umher und pflückte Rauten und Edelweiß für sein Mädchen.

An einem drückend schwülen Hochsommerabend saßen die drei müde und erschöpft von des Tages Arbeit, die bei der Hitze doppelt mühsam war, auf den Stufen vor der Hüttentüre. Sie rauchten ihre kleinen Pfeifen und sprachen kaum ein Wort.

Mit wachsender Sorge beobachteten sie das Wetter, das vom Lawis drohend herunterkam. Das Vieh war schon sicher in den Ställen. Kein Lüftchen regte sich, und es herrschte vollkommene, beängstigende Stille. Stille vor dem Sturm. Ab und zu zuckten schwefelgelbe Blitze durch das Bleigrau der Wolkenberge, gefolgt von dumpfgrollendem Donnern.

Da erspähte Kaspar mit dem scharfen Blick des Wildschützen eine eigenartige, kleine Gestalt, die mühsam den steilen Weg heraufkeuchte. In der rasch hereinbrechenden Dunkelheit konnte er das Wesen nicht so genau erkennen, es kam ihm aber vor, als ob es des öftern seine Gestalt wechsle.

Endlich langte es vor der Hütte an. Ein winziges, uraltes Männchen mit eisgrauem Bart und großen, verzweifelten Augen hob inständig die ausgemergelten Hände und bat die drei Melker um Unterkunft und Schutz vor dem drohenden Hochgewitter.

Kaspar und Melchior brachen in schallendes Gelächter aus und wollten den armen Alten unter Hohn und Spott mitleidlos davonjagen, aber Balthasar trat energisch dazwischen. Er nahm den verschüchterten Zwerg bei der Hand, führte ihn in die Hütte zu Tisch und Bank und bewirtete ihn freundlich.

Nun kamen auch die beiden anderen Burschen herein, da der Gewitterwind schon hinter ihnen durch die Türe pfiff. Ein Unwetter brach los, wie sie noch nie ein ähnliches erlebt hatten. Orkanartig jagte der Sturm über die Höhen, Blitz auf Blitz züngelte blendend durch die rabenschwarze Finsternis, und dröhnende Donnerschläge ließen die Erde erbeben. Der Regen schoß vom Himmel wie ein Wildbach, alles fortschwemmend, was nicht niet- und nagelfest war.

Totenstille herrschte in der Hütte, auch Kaspar und Melchior, den beiden wüsten Gesellen, war es unheimlich zumute. Allmählich verzog sich das Wetter, ein Stückchen blauer Himmel lachte schon tröstlich herab auf die Alm, und der Uralte erhob sich von der Ofenbank.

Dankbar reichte er dem Balthasar die Hand, aber seine Gefährten traf ein so wilder, haßerfüllter Blick aus unergründlichen Augen, daß sie unwillkürlich zurückfuhren. Finster sahen sie dem ungebetenen Gast nach, wie er schnell und scheinbar verjüngt den Felsen zuschritt, und in der zunehmenden Dämmerung schien es ihnen, als ob seine Gestalt immer größer und größer würde und sich endlich riesenhaft im Abendnebel auflöste.

Einige Wochen waren seither vergangen, der Sommer war dem Herbst gewichen, und der Almabtrieb stand bevor. Es war schon damals Brauch bei den Sennern und Sennerinnen, daß sie aus diesem Anlaß ihr Vieh mit Blumen und Tannengrün und mit großen Glocken an pfauenkielbestickten Ledergurten schmückten.

Die Burschen suchten vorerst in waghalsiger Kletterei die schönsten Rauten auf den steilen Felsen. Die wollten sie ihren Mädchen ins Tal mitbringen.

Balthasar hatte schon vor einiger Zeit einen Rautenstock von so einmaliger Schönheit und Größe entdeckt, daß ihm das Herz bei diesem Anblick lachte. Er blühte aber am Rande eines grausigen Abgrundes unter überhängenden Wänden, und nur tollkühner Mut konnte dorthin führen.

Kaspar und Melchior waren gleich dabei, ihr Glück zu versuchen, und noch am Abend stiegen die drei Melker auf zu der schwindelerregenden Stelle, von der sie sich in die senkrechte Wand hinunterlassen mußten.

Es war eine sternhelle, wunderbare Nacht. Der Mond goß sein mildes, silberiges Licht über Himmel und Berge aus, die Welt lag unirdisch schön zu Füßen der jungen Männer. Die zwei älteren hatten dafür keinen Blick. Ihre Augen hingen gierig an dem riesigen Rautenstock mit den goldenen Ähren.

Ohne lang zu überlegen, kletterte der erste die halsbrecherische Fährte hinab. Da — was war das? Eine fürchterliche, schreckliche Stimme klang hohl aus den Felsen. Gleich darauf hörten die beiden oben einen gellenden Angstschrei, Steine polterten in die Tiefe — dann war es still.

Kaspar war abgestürzt, hinunter zum Schwarzbrunnen. Aber Melchior ließ sich nicht abschrecken. Kühn und wild packte er die Felsen und kletterte geschickt an die gefährliche Stelle. Da tönte noch einmal die furchtbare Stimme an Balthasars Ohr, und gleich darauf hörte er riesige Felsbrocken krachend in das Tal stürzen.

Dem Burschen war bang um das Herz. Wenn er auch seine rauhen Kameraden nicht geliebt hatte, so erschütterte ihn doch ihr schreckliches Ende. Die Einsamkeit bedrückte ihn, und er sah hilfesuchend um sich, hinauf in den unendlichen, sternenübersäten Himmel, auf die ragenden Berge, über die das Mondlicht floß.

Wie war die Welt doch schön und gleichwie erbarmungslos. Ein kalter Schauer überrieselte ihn. Da sah er aus den bleichen, sanft leuchtenden Felsen eine riesenhafte, nebelgraue Gestalt emportauchen. Jetzt war nichts Greisenhaftes mehr an ihr, und doch war es niemand anderer als der zitternde, arme Alte, der an dem Gewitterabend um Unterschlupf gebeten hatte.

Eine edelsteinschimmernde Krone zierte das mächtige Haupt, seine Augen leuchteten wie reinster Bergkristall, und eine gewaltige, eisgraue Mähne von Haar und Bart überflutete die majestätische Gestalt.

„Ich bin der Rautenkönig", rief er mit dröhnender Stimme, dann streckte er seine schemenhaften Hände dem erschrocken zurückweichenden Jüngling entgegen, darin ruhte ein Rautenstock, dessen Pracht noch kein Menschenauge erblickt hatte.

Wie pures Gold schimmerten tausend üppige Ähren im Mondlicht. Die gewaltige Stimme des Berggeistes wurde milde und gütig: „Da, nimm! Du warst barmherzig zu einem gebrechlichen, alten Mann. Seit Jahrhunderten habe ich diesen Stock gehütet und gepflegt. Er sei dein eigen. Ich will durch ihn über dein Leben wachen, daß es glücklich und segensreich sei. Aber die beiden rohen, herzlosen Gesellen habe ich vernichtet und zermalmt. Nichts ist von ihnen übrig, Felstrümmer decken ihr Grab, damit niemand sie finde, niemand für sie bete."

Die leuchtenden Augen des Königs ruhten noch einmal väterlich auf Balthasar. Er reichte ihm seine wesenlose Nebelhand und war im Geklüfte des Berges verschwunden. Wie im Traum tastete sich der Melker mit dem herrlichen Geschenk zur Almhütte zurück. Er verbrachte eine schlaflose Nacht. Glück und Schrecken, Angst und Schmerz kämpften in seiner Brust.

Nun aber stand die Morgensonne strahlend am Himmel, die gesunden, kräftigen Tiere warteten geschmückt auf den Abtrieb, und die Freude im Herzen des jungen Menschen gewann wieder die Oberhand. Als er mit seinem Rautenstock in das Dorf hinunterkam, da strömten alle Leute zusammen und bestaunten mit großen Augen und mit Ausrufen des Entzückens dieses Wunder.

Balthasar pflanzte die einmalige Blume auf das Dach seines Hauses. Dort blühte sie sein Leben lang und wachte über ihn und das Wohl seiner Familie wie ein Schutzgeist.

Frau Hitt

Im Norden von Innsbruck erstreckt sich eine hohe Gebirgskette, die mit schroffen, zerklüfteten Felsengraten in den Himmel ragt. In uralten Zeiten aber waren diese Berge noch bis hinauf mit dichtem Wald und blumigen Wiesen bewachsen. Goldene Kornfelder und reiche Obstgärten breiteten sich auf den sonnigen Hängen, und nur wenige Menschen bewohnten das Land. Sie hausten bescheiden in ihren Hütten und mühten sich im Schweiße ihres Angesichtes um das tägliche Brot.

Ein weißes Marmorschloß überragte die Auen des Inntales. Es war auf einem Hügel erbaut, und seine Pracht stand in krassem Gegensatz zu der Einfachheit der Bauernhäuser ringsumher. Frau Hitt hieß die Fürstin aus dem Geschlecht der Riesen, die diese Burg bewohnte. Diener und Leibeigene zitterten vor ihrer Grausamkeit, denn mit unmenschlichen Strafen erzwang sie sich Gehorsam, und keine Bitte rührte ihr steinernes Herz.

Die Herrscherin besaß alles, was ein Mensch sich wünschen konnte. Doch trotz ihrer Schönheit und trotz allen Reichtums wurde sie gemieden, und wohin sie kam, erstarrten ihre Untertanen in Furcht und Schrecken. Einsam saß Frau Hitt mit ihrem Kinde in den prunkvollen Hallen des Palastes; sie praßte an üppiger Tafel und verschwendete in lasterhafter Gleichgültigkeit die Gaben Gottes.

Eines Tages ritt das stolze Weib hoch hinauf zu den Almen. Auf schmalem Felsenpfad trat ihr eine Bettlerin in den Weg. Die trug ein krankes Kind auf dem Arm. Hunger und Elend blickten aus den Augen des armen Weibes, das sich vor Frau Hitt auf die Knie warf. Das Kind emporhebend, bat sie mit herzbewegenden Worten um ein Stückchen Brot.

Das Antlitz der Fürstin verzerrte sich vor Zorn und Ungeduld über diese lästige Bettlerin, die sich ihr in den Weg gestellt hatte. In der erhobenen Rechten schwang sie schon die Peitsche — da besann sie sich plötzlich anders.

Mit höhnischem Lachen brach sie einen Stein aus der Felswand und reichte ihn spöttisch dem Bettelweib. Verbittert über so viel Kälte fuhr die arme Frau empor.

Ihre eben noch so demütige Haltung war einer drohenden Entschlossenheit gewichen, und wild blitzten ihre Augen, indem sie rief: „Weh dir, du stolze Fürstin! Steine gabst du mir statt Brot. Möge der Himmel dich deshalb zu Stein verwandeln!"

Diese Verwünschung machte keinen Eindruck auf die hartherzige Frau, und sie ritt lachend weiter, ohne der Armen irgendwelche Beachtung zu schenken.

Kurz darauf hatte sich ihr wilder Knabe beim Spiel im Wald von Baum zu Baum geschwungen und war dabei in einen Sumpf gestürzt. Von Kopf bis Fuß beschmutzt kam er nach Hause. Die erzürnte Mutter gebot den Dienern, ihren

Knaben mit dem Brot zu reinigen, das sie den Armen verweigert hatte. Bei diesem frevelnden Wort erbebte das Gebirge unter dumpfem Grollen, und die Diener sanken entsetzt auf die Knie. Doch die Fürstin kehrte sich nicht an diese Warnung. Sie verlangte erneut und voll Zorn, daß man ihrem Befehl gehorche.

Jetzt war das Sündenmaß der Fürstin übervoll, und es begann ein furchtbares Strafgericht. Die Erde erzitterte, schwarze Wolken überzogen den Himmel und verwandelten den Tag zur Nacht. Unter Blitz und Donner stürzten gewaltige Felstrümmer zu Tal und begruben das stolze Schloß.

Auf dem Grat der Nordkette aber erschien riesenhaft und von grellen Blitzen geisterhaft beleuchtet Frau Hitt auf ihrem Pferd, zu Stein geworden, den Hochmütigen und Grausamen ein Mahnmal für ewige Zeiten.

Seit diesem Tag sind Felder und blumige Wiesen von dem Gebirge verschwunden, und verwitterte kahle Felswände starren in das Tal.

Theophrastus Paracelsus und der Teufel

Oberhalb von Hötting, dort, wo der Stangensteig beginnt, erstreckte sich im Mittelalter der sogenannte Bannwald. Dieser breite Streifen dichten Baumbestandes, aus dem kein Stamm gefällt werden durfte, bot den sichersten Schutz gegen Steinschlag und Lawinen.

Während der weitgereiste Arzt Theophrastus Paracelsus in Innsbruck weilte, pflegte er in dieser einsamen Gegend spazierenzugehen und sich auf den schmalen Waldsteigen von seinem anstrengenden Beruf zu erholen.

An einem Sonntagmorgen wanderte der gelehrte Mann wieder, tief in Gedanken versunken, durch den Wald — da hörte er einige Male leise seinen Namen rufen: „Paracelsus! Paracelsus!" Er sah lange um sich, doch er konnte weit und breit keinen Menschen entdecken. Endlich merkte er, daß die Stimme aus einer nahen Tanne kam. Er untersuchte den Stamm genau und fand in einem Astloch einen kleinen Holzzapfen stecken, in den drei Kreuze eingeschnitten waren.

Nach kurzem Zwiegespräch mit der Stimme im Baum stellte sich heraus, daß hinter diesem Zäpfchen der Teufel saß, den ein geschickter Geisterbanner aus Innsbruck in den Stamm der Tanne gezwungen hatte.

„Was gibst du mir, wenn ich dich herauslasse?" fragte der Doktor.

„Was willst du?" entgegnete die Stimme aus dem Baum.

„Gib mir eine Arznei, mit der ich alle Krankheiten heilen kann. Gib mir eine Tinktur, durch welche ich alles in Gold verwandeln kann. Gib mir . . ."

„Halt!" rief die Stimme, „drei Dinge lähmen meine Kraft, aber zwei will ich dir gerne geben!"

Paracelsus begnügte sich mit Arznei und Tinktur, zog das Zäpflein aus dem Loch des Stammes, und heraus kroch eine schwarze Spinne, die eilig mit ihren langen, dünnen Beinen über die Rinde des Stammes hinunterlief, doch als sie das Moos des Waldbodens berührte, war sie verschwunden, und aus den hohen Farnbüscheln tauchte ein hagerer Mann mit glühenden Augen vor Paracelsus auf.

Er schritt auf den Doktor zu und dankte ihm in wohlgesetzten Worten für seine Befreiung. Sein Wesen war höflich und geschmeidig, und solange man nicht in seine grünen Augen blickte, in denen es gefährlich funkelte, konnte man meinen, dieser gut aussehende Mann sei irgendein gewöhnlicher Sterblicher.

Nun brach der Teufel einen Haselstock ab und ging damit auf einen hohen Felsen zu, der sich krachend spaltete. Dann schritt er in das Innere des Berges und kam mit zwei Fläschchen zurück, die er dem Doktor mit höflicher Verbeugung überreichte: „Die weiße Flüssigkeit hier ist die Arznei, die gelbe ist die Goldtinktur." Der Felsen schloß sich wieder, und der Handel zwischen dem Arzt und dem Höllenfürsten schien abgeschlossen.

Der Teufel wandte sich rasch der Stadt zu und rief voll Ingrimm: „Jetzt aber werde ich mich an dem schurkischen Innsbrucker Zaubermeister rächen!"

Paracelsus packte das Mitleid mit dem unbekannten Schwarzkünstler, und es lockte ihn, dem rachedurstigen Satan das Handwerk zu legen. Er sprach daher: „Das ist Euer gutes Recht, doch der Meister scheint ein mächtiger Mann zu sein, wenn er Euch in dieses kleine Loch gezwungen und noch dazu als eine Spinne — eine Spinne, in die sich selbst der Teufel nicht verwandeln kann!"

„Pah", lachte der Böse höhnisch, „das ist doch keine Kunst, auch ich kann mich jederzeit in eine Spinne verwandeln."

Doch Paracelsus weigerte sich so lange hartnäckig, daran zu glauben, bis ihm der dumme Teufel auf den Leim ging. Sie hatten gewettet, daß der Höllenfürst die beiden Wunderfläschchen wieder zurückbekäme, wenn er als Spinne in das kleine Loch der Tanne kriechen könne.

Nun saß er frohlockend darinnen und forderte seine Fläschchen zurück. Doch Paracelsus steckte schnell das Holzzäpfchen in das Loch, schnitt vorsichtshalber noch einmal drei Kreuze hinein, und der Teufel war wieder gefangen.

Es nützte ihm kein Bitten und Drohen, auch seine Wut, mit der er in dem Stamm rüttelte und tobte, half ihm nichts. Die Tannenzapfen flogen von den Ästen, und Theophrastus Paracelsus schritt zufrieden den Berg hinab.

Daheim erprobte er die Wirksamkeit der Wundergaben und fand sie über alles Erwarten gut. Von dieser Zeit an gelangte der Arzt zu Ruhm und großen Ehren.

Das Eismandl auf dem Niederjoch

In alten Chroniken kann man es heute noch lesen, daß die Bewohner des hinteren Ötztales einst aus dem Schnalstal herübergewandert sind, um sich an den sonnigen, geschützten Hängen eine neue Heimstatt zu gründen. Reicher Waldbestand und fette Felder hatten sie dazu verlockt. Aber es dauerte dennoch viele Jahre, bis sich die zähen und bodenverwurzelten Bauern ganz von ihrer alten Heimat loslösen konnten.

Oft mußten sie noch über das Niederjoch, um Dienstboten und Vieh aus Schnals herüberzuholen. Auf dem Joch aber hauste zu dieser Zeit das Eismandl, das braven Menschen gut gesinnt war, dem aber die bösen besser aus dem Weg gingen.

Einer der schönsten Höfe in Vent im Ötztal war der Rofenhof. Den Bauern, einen klugen und fleißigen Mann, hatte zähe Arbeit zum Erfolg geführt. Er wurde in kurzer Zeit der reichste und angesehenste Bauer des neu entstandenen Ortes.

Es war Sommeranfang, und man stand mitten in der Heumahd. Die Familie des Rofner arbeitete mit einer Dirn von früh bis spät auf den Wiesen, die zu dem ausgedehnten Besitz gehörten. Da starb ihnen plötzlich diese tüchtige Magd. Ohne ihre Hilfe konnten aber die fleißigen Leute die Arbeit nicht bewältigen. Der Bauer schickte deshalb schweren Herzens seinen ältesten Sohn nach Schnals mit der dringenden Mahnung, sich zu beeilen und so bald als möglich mit einer braven Dirn zurückzukommen.

Am frühen Morgen wanderte also der Bursche zügig und leicht dem Niederjoch zu. Als er aber aus dem kühlen Wald auf die Almen kam, brannte die Sonne unbarmherzig hernieder, und die Luft flimmerte vor Hitze.

Der Jüngling wurde immer müder. Schritt für Schritt schleppte er sich weiter, dem Gletscher entgegen. Sein Hemd war naß vom Schweiß, und bleischwer wurden ihm die Glieder.

Da türmten sich im Westen drohende, unheimlich graugelbe Wolken auf, und in Sekundenschnelle verfinsterte sich der Himmel. Ein eisiger Wind pfiff dem Burschen heulend um die Ohren, grelle Blitze zuckten, und dumpf rollte der Donner. Unglaublich schnell war das alles geschehen, und den sonst so beherzten Bauernburschen überfiel lähmende Furcht in der feindseligen Bergeinsamkeit.

Er sah nur Fels und Eis ringsum, und über ihm dröhnten die entfesselten Naturgewalten. Mit raschem Entschluß wandte sich der junge Rofner zur Umkehr. Doch da stand plötzlich ein winzig kleines Männchen vor ihm und hemmte seinen Schritt. Sein Gesicht war uralt, und der schneeweiße Bart hing fast bis zum Boden. Durchdringende grünblaue Augen blickten den Jüngling forschend an.

Das Eismandl — fuhr es dem Burschen durch den Sinn, aber da sprach es schon: „Du kannst deinen Weg ruhig fortsetzen, und es wird dir nichts geschehen, so-

lange du treu und ehrlich bleibst. Aber wehe dir, wenn du ein gegebenes Wort brichst — im Eise gibt es furchtbare Rächer!" Mit diesen Worten war der Wicht vor den Augen des jungen Bauern verschwunden.

Das Unwetter hatte sich verzogen, ebenso schnell, wie es gekommen war, und der Bursche setzte seinen Weg rüstig fort. Er fühlte sich ohne Schuld und war froh, der Gefahr entronnen zu sein. An die Worte des Eismandls dachte er bald nicht mehr.

Im Schnalstal wußte er einen Freund seines Vaters, einen armen Häusler, der eine tüchtige Tochter hatte. Die nahm er als Dirn auf. Schnell packte das hübsche, freundliche Mädchen seine Habseligkeiten ein und verabschiedete sich liebevoll von dem alten Vater.

Das Paar wanderte nun den Berg hinauf. Es gab so viel zu erzählen, und die Zeit verging wie im Fluge. Die jungen Leute fanden bald zueinander, sie achteten kaum des Weges, immer wieder mußten sie sich anschauen, und ihre Augen hingen aneinander. Als sie auf dem Joch angelangt waren, hatte der Bursche das Mädchen so liebgewonnen, daß er ihm ewige Treue und die Heirat gelobte.

Einträchtig und glücklich kamen sie in Vent an. Der alte Rofner war zufrieden mit der neuen, anstelligen Magd, und alle hatten das gute, bescheidene Mädchen gern. Nie gab es Schimpf und Streit, und die Familie lebte in sorglosem Frieden.

Doch der Rofnerbauer war alt, und eines Tages lag er auf dem Sterbebett. Der Tod hatte ihn so schnell dahingerafft, daß er seinem Sohn nicht mehr sagen konnte, wie lieb ihm die neue Magd als Schwiegertochter wäre.

Wieder machte sich der junge Bauer auf den Weg nach Schnals. Er mußte die Verwandten und Freunde seines Vaters zur Leiche laden und hatte auch sonst noch wichtige Dinge zu tun. Bei dieser Gelegenheit lernte er die Tochter eines reichen Bauern kennen. Er fand Gefallen an ihr, und die ansehnliche Mitgift kam ihm gerade recht. Da auch das Mädchen den hübschen Burschen sogleich in das Herz geschlossen hatte, wurde man bald einig, und die Eltern gaben dem jungen Rofner die Braut gleich mit. Er hatte sich schon zu lange aufgehalten und mußte nun eilends heim.

Böse Ahnungen erfüllten die verlassene Magd in Vent. Als der Jungbauer nicht zur festgesetzten Zeit auf den Hof kam, erfaßte sie solche Unruhe, daß sie die Bäuerin um Urlaub bat, um ihren Vater zu besuchen. Die Frau wunderte sich zwar, daß das Mädchen gerade vor der Beerdigung fort wollte, aber sie gab ihr willig ein paar Tage frei.

Die Dirn packte nun rasch ihre Sachen und machte sich auf den Weg. Ihre bangen Vermutungen wurden aber zur schrecklichen Gewißheit, als ihr auf dem Joch ein fremdes, glückstrahlendes Mädchen an der Hand ihres Bräutigams entgegenkam. Ihr Herz schlug zum Zerspringen, und ihre Augen wurden blind vor Tränen.

Höhnisch klang das Lachen der reichen Braut in ihren Ohren, und als sie ganz verstört in das spöttische Gesicht des Jungbauern blickte, war es auch mit ihrer Selbstbeherrschung vorbei.

Aufschluchzend wandte sie sich an den Ungetreuen: „Hast du schon vergessen, was du mir hier heroben versprochen hast und wie glücklich wir die ganze Zeit gewesen sind?"

Aber hochmütig antwortete ihr der Jungbauer, daß er nie im Ernst daran gedacht hätte, ein armes Mädchen zu heiraten. Kaum waren seine Worte verhallt, als dichte Nebelschwaden von allen Seiten heranzogen, eisige Kälte kroch empor, und unter dumpfem Donnergrollen öffnete sich der Gletscher und verschlang das übermütige Paar.

Die Drohung des Eismandls hatte sich erfüllt. Totenstille lag wieder über dem Berg. Die arme Magd stand wie versteinert am Rande des Gletschers, der zum Grab ihres Liebsten geworden war. Allmählich löste sich die Erstarrung, sie nahm ihr Bündel auf und lief taumelnd und vom Grauen gejagt den Berg hinunter, heim zum alten Vater.

Aber wie hatte sich die gesunde und lebensprühende Dirn verändert. Ihr hübsches Gesicht war bleich und eingefallen, fiebrig glänzten die großen Augen und wirre, zusammenhanglose Worte kamen von ihren Lippen. Als der Winter vorüber war und der Frühling mit bunten Blumen und Blüten in das Land zog, trug man sie zu Grabe.

Der Almgeist

Drei Holzknechte waren einst bei der Arbeit im Wald. Als es zu dunkeln begann, kamen sie gerade in die Nähe der Saubacher Alpe, und da die Nacht kalt zu werden drohte, traten sie in eine leere Sennhütte ein, um dort zu schlafen.

Sie trugen Reisig zusammen, machten Feuer im Herd und wärmten ihr Essen. Nach dem bescheidenen Mahl vertrieben sich die Burschen die Zeit mit Singen und Jodeln und allerlei lustigen Geschichten. Ab und zu tranken sie einen Schluck Schnaps aus der Flasche, und so waren alle drei bald in übermütiger Stimmung.

Da nahm der Älteste ein Stück Holz und schnitzte mit seinem Taschenfeitel eine plumpe Figur daraus, die er „Almgeist" nannte. Unter Gelächter zogen die Knechte dem Holzmandl eine lumpige Jacke an und setzten ihm einen durchlöcherten Hut auf den Kopf. Dann fütterten sie den Almgeist und gossen ihm Schnaps in den Mund. Der Schnitzer, ein roher Geselle, hieb seiner Puppe Hände und Füße ab, und der zweite Knecht warf sie in das prasselnde Feuer: „Da brat, daß wir dich fressen können!" rief er höhnend.

Der Jüngste schaute kopfschüttelnd zu und meinte: „Das sollt ihr nicht machen, wer weiß, vielleicht hört euch der wirkliche Almgeist und kommt sich rächen." Aber die beiden hörten nicht auf ihn und trieben weiter unter gröhlendem Lachen ihre dummen und rohen Späße.

In einem kleinen Raum neben der Küche stand, aus groben Brettern zusammengezimmert, eine breite Bettstatt, in der noch ein wenig Heu war. Da hinein legten sich spät am Abend die nun müden Knechte und waren bald alle drei fest eingeschlafen.

Um Mitternacht näherten sich tappende Schritte. Sie klangen laut durch die Stille der Nacht. Die Hüttentür ging auf, und der Holzboden der Küche knarrte unter den unheimlichen Tritten.

Da fuhr der Jüngste aus dem Schlaf und stieß seine Kameraden an. Mit angstvoll aufgerissenen Augen starrten sie zum Herd hinaus. Sie hielten den Atem an — dort saß ja der leibhaftige Almgeist, genauso, wie ihn der Holzknecht geschnitzt hatte, vor dem glosenden Feuer.

Die rote Glut beleuchtete seine regungslose Gestalt und seine unheimlich glotzenden Augen, die er bald auf die Knechte, bald auf das erlöschende Herdfeuer heftete. Die drei Burschen zitterten wie Espenlaub, und der Schrecken lähmte ihre Glieder.

Auf einmal erhob sich der Geist zu seiner ganzen Länge, sein Kopf reichte bis an die Hüttendecke. Er schlurfte zu dem Bett der drei Knechte, packte den ältesten und erwürgte ihn. Dann nahm er den zweiten, trug ihn wie ein Kind vor die Sennhütte und warf ihn mit solcher Gewalt auf das Dach, daß dem Armen

alle Rippen brachen. Als er wieder zurückkam, gab er dem jüngsten eine so gewaltige Ohrfeige, daß diesem Hören und Sehen verging. Erst in der Morgendämmerung kam er wieder zum Bewußtsein und lief davon, so schnell er konnte. Sein Leben lang aber wagte er sich nicht mehr in die Nähe der Saubacher Alpe.

Die Norken Tirols

Neben den Saligen Fräulein und den Wilden Männern spielen auch die Norken in den Sagen Tirols eine bedeutende Rolle. Diese Zwerge werden als steinalte und häßliche Männchen geschildert. Ein großer Kopf sitzt auf dem kleinen Körper, und ein langer, grauer Bart wallt über einen dicken Bauch, dessen Last die krummen, spindeldürren Beinchen kaum tragen können.

Unzählig sind die Geschichten von den schlimmen Streichen dieser Gnomen. Sie trieben ihren Schabernack mit den Menschen und waren voll Bosheit und Tücke, aber meist auf so harmlose Weise, daß sie stets die Lacher auf ihrer Seite hatten.

So ärgerten sie die Fuhrleute, indem sie sich wie Gassenbuben scharenweise an ihre schweren Weinwagen hängten, daß die Pferde kaum mehr weiterkonnten, wenn es dann bergab ging, sprangen sie ab und schoben an, daß der Kutscher nicht selten in arge Not geriet.

Den Bäuerinnen legten sie Schlingen auf die Türschwelle, damit sie mit den vollen Schüsseln hinfallen sollten, und den Bauern räumten sie die Räucherkammern aus und holten ihnen das letzte Faß Wein aus dem Keller.

Sie verliebten sich gern in junge, schöne Mädchen und Frauen und spielten ihnen oft böse mit, wenn sie einen Korb bekamen. Doch gab es auch gute und dankbare Norken, und von so einem soll diese Sage erzählen.

Es war an einem kalten, dunklen Novembertag, ein eisiger Schneesturm wehte von den nebeligen Höhen, als ein kleines Männlein nach dem Vesperläuten, müde und vor Kälte zitternd, durch das Bergdorf Matsch wankte. Die weißen Haare des Kleinen flatterten in dem scharfen Wind um das runzelige Gesicht, und die Augen blickten verzagt die Häuser entlang und hinauf zu der tiefverschneiten Nörkelspitze. An einem Haselstock, den es über der Schulter trug, hing ein Bündel, das der Alte kaum mehr zu schleppen vermochte.

Schwer atmend blieb er vor dem ersten stattlichen Bauernhof stehen und klopfte nach kurzem Zögern schüchtern an das Tor. Nach einer Weile wurde ein Fenster geöffnet, ein aufgedunsenes, finsteres Gesicht reckte sich heraus, und eine barsche Stimme rief: „Wer ist da draußen? Bei mir gibt es kein Nachtlager für Bettler und Landstreicher, schau, daß du weiterkommst, sonst hetz' ich dir meinen Hund auf den Hals!"

„Nur eine halbe Stunde Unterstand, bis das ärgste Wetter vorbei ist, nur ein kleines Stückchen Brot für meinen Hunger", bat das Männlein mit aufgehobenen Händen. Aber der reiche Bauer war hart. Er schlug das Fenster zu, daß die Scheiben klirrten, und ließ den armen Alten in Wind und Schneegestöber draußen stehen.

Da hob das Männlein plötzlich stolz den Kopf, seine Augen funkelten in der Dämmerung vor Zorn, und ein spöttisches Lächeln zuckte um seine Lippen, als es die Worte murmelte: „Morgen oder heut' kommt eure Zahlzeit."

Der Nork, denn einer von diesen uralten Zwergen war der Bettler, ging nun von Haus zu Haus, von einer Tür zur anderen, überall bat er um Herberge und Brot, doch nirgends wurde er aufgenommen.

Endlich kam er vor die letzte Hütte des Dorfes. Recht armselig sah dieses Häuschen aus, und nur aus einem Fenster drang schwacher Lichtschein. Der Zwerg spähte neugierig durch die angelaufenen Scheiben. Da ging die Tür auf, und ein frisches, freundliches Mädchen fragte mit heller Stimme nach seinem Begehr. Das Männlein wiederholte seine Bitte.

„O du Armer!" rief das Dirndl, „komm nur schnell herein, setz dich zum Ofen und wärm dich, derweil ich dir eine heiße Suppe kochen will." Gerne folgte der Nork der Aufforderung, und während das Mädchen in der Küche hantierte, kauerte er sich wohlig hinter den warmen Kachelofen und schaute sich in der Stube um.

Bald stand eine Schüssel voll dampfender Suppe vor ihm auf dem Tisch, und seine junge Wirtin setzte sich mit den Worten: „Jetzt iß, Mandl, und Gott segn dir's!" zu ihm. Der Alte ließ es sich schmecken, und die Dirn erzählte ihm währenddessen ihre kurze Geschichte.

Mariandl hatte vor zehn Jahren den Vater verloren, die Mutter war von dieser Zeit an immer krank, und sie hatten weder für den Doktor noch für Arzneien das nötige Geld. So war Frau Sorge der tägliche Gast in der ärmlichen Hütte.

Da ließ der Nork die Suppe stehen, er stand von seinem warmen Ofenplatz auf, ging leise nebenan zu dem Lager der schlafenden, kranken Frau und betrachtete aufmerksam ihr eingefallenes Gesicht. Dann langte er in sein Bündel, holte ein Päckchen duftender Kräuter hervor und gab es dem Mädchen: „Deine Mutter ist vom Mond krank geworden, liebes Kind, so merkwürdig es auch klingen mag, jedoch dieser Mondtee wird sie wieder gesund machen. Immer bei Vollmond soll sie ihn trinken; am Weihnachtsabend aber mußt du nach dem Betläuten auf die Nörkelspitze gehen und frische Kräuter holen, die werden dann ihre Heilung vollenden."

Erschrocken rief das Mädchen: „Zu Weihnachten auf die Nörkelspitz', da müßt' ich ja im Schnee zugrundegehen!" Doch der Alte lächelte aufmunternd: „Fürcht dich nur nicht, wenn du zum alten Wetterkreuz im Almgrund kommst, wo der Steig aufhört, brauchst du nur dreimal meinen Namen zu rufen: ‚Kruzinigele!', darnach komm' ich und helf' dir weiter."

Mit diesen Worten nahm das Männchen sein schweres Bündel wieder auf, drückte das verblichene Filzhütl tief in die Stirn und verabschiedete sich von seiner jungen Wohltäterin.

Der eisige Wind hatte sich gelegt, und der Mond schien hell durch die Wolken auf das verschneite Tal. Marianne schaute dem Davoneilenden nach, und ein leiser Schauer überlief sie, als das kleine Männlein in der Ferne immer grö-

ßer und größer wurde und schließlich als riesenhaftes Nebelgebilde zur Nörkelspitze emporschwebte.

Die Mutter des Mädchens trank von dem Tee und verspürte sogleich eine Besserung ihres Leidens. Als aber Weihnachten näher rückte, verschlimmerte sich ihr Zustand, und sie verbrachte wieder Tag und Nacht auf ihrem Lager wie zuvor.

So kam der Christabend, und Mariandl saß traurig am Bett der kranken Mutter und horchte auf ihre schweren Atemzüge. Draußen fegte der Wind heulend durch die Gassen und trieb die Schneeflocken vor sich her. Da rief die Aveglocke zur Andacht, und Marianne dachte an die Worte des Alten. Leise holte sie ihren Wettermantel und einen festen Bergstock und ging eilig durch Nacht und Schneetreiben der Nörkelspitze zu.

Der Schnee lag hoch, und in Wind und Finsternis bahnte sich das tapfere Mädchen mühsam seinen Weg. Immer, wenn Marianne vor Erschöpfung innehielt, spürte sie eine unsichtbare Hand, die ihr weiterhalf, und von Zeit zu Zeit fuhr ein blendender Lichtstrahl über den Himmel und erhellte für Sekunden den dunklen Wald.

Je höher sie kam, um so leichter wurden ihre Füße, und endlich erblickte sie zu ihrer Freude das Wetterkreuz, von dem der Alte gesprochen hatte. Nun wollte sie ihren Beschützer rufen — aber wie hieß er denn nur? Sie zermarterte sich den Kopf, doch der eigenartige Name war ihrem Gedächtnis vollkommen entschwunden. So saß Marianne lange und verzweifelt neben dem Wetterkreuz, bis der Schlaf sie überwältigte. Ein eisiger Wind wehte über die Alm, und das Mädchen lag regungslos im tiefen Schnee.

Da begann es sich auf einmal zu regen. Eine Felsenspalte öffnete sich, und aus der Tiefe des Schachtes stiegen Zwerge mit Fackeln und huschten zu der Schläferin. Sie hoben Marianne vorsichtig auf ihre Schultern und trugen sie mit sich fort.

In einem großen, von vielen Kerzen erhellten Saal saß der König der Norken mit seiner Tochter auf einem funkelnden Thron aus Bergkristall, und seine kleinen Untertanen sprangen fröhlich um ihn herum.

Marianne wurde hereingetragen und vor den schimmernden Stufen des Thrones niedergelegt. Die Zwerge waren ganz still geworden, und der Herrscher schritt die Treppe herab und drückte der Schlummernden einen leisen Kuß auf die Stirn.

Grenzenloses Erstaunen malte sich in des Mädchens Augen, als es in dieser Märchenwelt erwachte. Doch die Norken ließen Marianne keine Zeit zur Besinnung. Alle drängten sich herzu und küßten sie, und des Königs Töchterlein überhäufte sie mit kostbaren Geschenken.

Der Nörkelkönig fragte das verschüchterte Mädchen: „Kennst du mich noch, Marianne? Oh, ich erinnere mich noch gut deiner freundlichen Pflege, aber ich habe mir auch die schlechte Behandlung deiner Nachbarn gemerkt. Nun, morgen oder heut' kommt ihre Zahlzeit!"

Darauf griff er vergnügt nach der Hand Mariannes, an der anderen führte er seine Tochter, und so stiegen die drei viele hell erleuchtete Treppen empor. Als sie durch eine niedere Pforte ins Freie traten, riß das Mädchen vor Staunen Mund und Augen auf. Eine grüne, sonnige Almwiese dehnte sich vor ihnen aus. Tausende von Blumen blühten und dufteten unter blauem Frühlingshimmel, und die Vögel zwitscherten und tirilierten, daß es eine Freude war.

Des Nörkelkönigs Tochter pflückte eine Handvoll großer, gelber Blütensterne, denen ein würziger Duft entströmte, und überreichte sie dem Mädchen: „Das ist der Mondtee, Marianne. Gib ihn deiner Mutter zu trinken, dann wird sie ganz gesund."

Die Norken verabschiedeten sich nun freundlich und verschwanden in einer Felsenspalte. Marianne aber stand wieder in Nacht und Wind neben dem Wetterkreuz. Hätte sie nicht die duftenden Kräuter und die kostbaren Geschenke in den Händen gehabt, so wäre ihr alles wie ein leerer Traum erschienen.

Nun lief sie schnell und glücklich bergab und erreichte das Dorf gerade, als die Glocken zur Mette riefen.

Die Mutter trank den Kräutertee und wurde noch in derselben Nacht gesund. Freilich wunderten sich die Leute des Dorfes sehr über ihre plötzliche Heilung und über den bescheidenen Wohlstand, der auf einmal in der armseligen Hütte herrschte, aber sie fanden keine Erklärung dafür.

Spät, wie immer in den Bergen, kam der Frühling in das Land, und um Johanni trieben die reichen Dorfbauern ihre zahlreichen Herden auf die Hochweiden. Jetzt sollten die hartherzigen Menschen die Rache des Königs der Norken zu fühlen bekommen.

Auf den schönen, saftigen Wiesen starb plötzlich das Gras ab, das Vieh wurde krank und mager, es stürmte dauernd, und nachts rollten gewaltige Felsbrocken krachend an den Almhütten vorbei, so daß die Hüter und Senner entsetzt aus dem Schlaf fuhren. Das gab den Leuten zu denken, und eines Tages pilgerte die ganze Gemeinde mit Kreuzen und Fahnen zur Alm hinauf, um sie zu segnen und das Unheil abzuwenden, doch dazu kam es gar nicht.

Ein fürchterliches Unwetter mit Blitz und Donner, Hagelschlag und Regen jagte die Wallfahrer in wilder Flucht zu Tal, und der Nörkelkönig mit seinen Zwergen kegelte noch ein paar große Steine hinterher — sie sind heute noch an den Flanken der Nörkelspitze zu sehen. Drei Tage und drei Nächte hindurch schneite es unaufhörlich, bis die Kasern und Weiden mit mannshohem Schnee bedeckt waren.

Nur mit Mühe konnten Sennen und Hirten das Vieh in das Tal hinuntertreiben. Seit jener Zeit lag die Alm verlassen, und die Norken waren Alleinherrscher in ihrem Reich. — Doch wohin sind die uralten Männchen verschwunden? Kein Mensch hat sie je wieder gesehen.

Die Schatzhüter von der Reichenspitze

Die eisbedeckten Flanken der Reichenspitze, welche die Grenze zwischen dem Zillertal und dem Pinzgau bilden, sollen der Sage nach nahe dem Gipfel reiche Gold- und Silberadern bergen. Doch keinem Sterblichen konnten diese Schätze bisher zum Segen gereichen. Auch wenn er genug Mut besaß, bis zu den schwer zugänglichen Schrofen und Schründen, in denen das kostbare Metall verborgen ist, vorzudringen, mußte er seine Kühnheit schwer büßen, denn dort oben hausten in Eis und Schnee die sieben verwunschenen Schatzhüter.

Sie waren verdammt, an diesem einsamen Ort zwischen Himmel und Erde die „Kalte Pein" zu erleiden. Wenn es aber einem gelang, von dem Gold etwas wegzutragen, so mußte er nach seinem Tode hinaufwandern zur Reichenspitze, und jener Schatzhüter, welcher von den sieben die längste Zeit sein Wächteramt versehen hatte, durfte dafür in die ewige Seligkeit eingehen.

Früher sahen die Bergbauern manchmal in kalten Nächten, wie sie auf den Bergen ja auch im Sommer vorkommen, drei Männer in langen, schwarzen Talaren, mit spitzen Hüten und silberverzierten Schnallenschuhen von der Reichenspitze herab in die Sennhütten und Gehöfte kommen, um sich dort zu wärmen. Wortlos schritten sie in die Stuben und setzten sich um den warmen Ofen.

Eine Eiseskälte ging von ihnen aus, die alle erschauern ließ. Doch jeder gönnte den armen Verdammten einen warmen Ofenplatz, und die Hirten und Sennen heizten fest ein und legten große Holzscheiter nach, bis die Herdplatten glühten, um den stummen Wächtern ihr hartes Los zu erleichtern.

Ein Bauer aus dem Dorfe Stumm mußte einst wegen einer Erbschaft über die Wilde Gerlos in den Pinzgau wandern. Es war Sommerszeit, und die Sonne brannte auf den steilen, beschwerlichen Weg. Nachdem der Bauer seine Geldangelegenheiten geregelt hatte, machte er sich noch in der Nacht auf den Weg, um bei dem schönen Wetter rechtzeitig zur Heuarbeit daheim zu sein.

Im Morgengrauen, als die Vögel zu zwitschern und zu trillern begannen, kam er in die Nähe seines Dorfes. Der Himmel hatte sich mit sanftem Rot überzogen, und der Tag schien heiß zu werden.

Während der Bauer einen engen Hohlweg hinabschritt, dachte er an seine Wiesen und Felder und an all die Arbeit, die noch vor ihm lag. Da sah er auf einmal vom unteren Ende des Weges her einen Mann auf sich zukommen. Staunend erkannte er seinen Nachbar im dicken lodenen Wintergewand, mit Schal und Mütze, mit Wollfäustlingen und einem Bergstock in der Hand.

Der heimkehrende Mann lachte laut auf: „Ja, wo willst denn du hin in diesem Aufzug? Schaust grad aus wiar a Eismandl!"

Doch der Nachbar verzog keine Miene, er blieb nicht stehen, grüßte auch nicht und blickte mit starren Augen geradeaus. Es ging eine Kälte von ihm weg, daß

dem neugierigen Frager der Atem stockte. Da öffnete der winterlich vermummte Mann plötzlich den Mund und sprach mit seltsam hohler Stimme: „Auf d' Reichenspitz'! Gold hüten!" Dann war er verschwunden.

Der Bauer fuhr sich über die Augen, schaute kopfschüttelnd den Weg entlang und dachte nichts anderes, als daß ihn ein Spuk am hellichten Tag genarrt habe.

Als er zu Hause in die Stube trat, kam seine Frau mit ernster Miene auf ihn zu: „Denk dir, unser Nachbar ist in der Nacht plötzlich krank geworden, und heute früh ist er gestorben."

Jetzt ging dem Bauern ein Licht auf. Den Nachbar hatte vor Jahren so viel Mißgeschick getroffen, daß sein Hauswesen ganz heruntergekommen war und knapp vor der Versteigerung stand.

Der Unglückliche verließ sein Haus für einige Tage, und als er zurückkehrte, war er vergnügt und froh. Seit dieser Zeit ging es mit seinem Bauerngut wieder aufwärts. Allen, die es hören wollten, erzählte er, daß ihm gute Freunde geholfen hätten, und er gehörte bald zu den reichsten Bauern des Dorfes.

Nun wußte der Mann, daß diese Freunde die Schatzhüter oben auf der Reichenspitze gewesen waren. Für seinen Reichtum und für sein kurzes Glück auf Erden mußte jetzt der Schatzgräber so lange die Kalte Pein erleiden, bis ihn einmal ein anderer ablösen und auch er in den ewigen Frieden eingehen würde.

König Laurin

Das Bergmassiv, das sich mächtig und steil im Osten der Stadt Bozen erhebt, nennen die Tiroler von jeher den „Rosengarten". Im Schutze der unzugänglichen Dolomitfelsen breitete sich dort vor Hunderten von Jahren das Reich des listigen und starken Zwergenkönigs Laurin aus, und der Ruf seiner Unbezwinglichkeit und die Kunde von den unermeßlichen Schätzen des Gnomenvolkes und dem herrlichen Rosengarten seines Beherrschers drangen auch bis nach Bern, dem heutigen Verona, an den Hof des heldenhaften Gotenkönigs Dietrich.

Da gab es an langen Winterabenden unter den Hofleuten viel zu rätseln und zu fabulieren, und auch Dietrich ergriff mit der Zeit die Neugier und die Lust, sich mit dem märchenhaften Zwergenkönig in ehrlichem Zweikampf zu messen.

Schließlich rief er einige seiner Getreuen herbei und hielt mit ihnen Rat. Und eines Tages zogen fünf prächtig geharnischte Mannen hoch zu Roß gegen das Gebirge. Allen voran Dietrich, ihm nach der alte Waffenmeister Hildebrand. Dann folgten Wittig, des wilden Schmiedes Wieland Sohn, und Wolfhart, Meister Hildebrands Neffe. Der junge Däne Dietleib, in tiefe Schwermut versunken, beschloß den Zug. Seine schöne Schwester Künhild war seit Wochen aus ihres Vaters Schloß in Dänemark verschwunden, und jegliche Suche nach ihr war vergeblich gewesen.

Der Weg war weit und mühsam. Immer enger schlossen sich die Felsen. Steil führte der Pfad durch dunklen Hochwald bergan, und Wildbäche stürzten rauschend in die Tiefe. Vorsichtig ritten die Männer an schwindelerregenden Abstürzen entlang, durch düstere Schluchten und über endlose Geröllfelder, bis sie plötzlich auf saftig grüner Bergweide den Rosengarten des Zwergenkönigs wie ein Wunder vor sich liegen sahen.

In unsagbarer Pracht leuchtete er im Abendsonnenschein vor den bleichen Felsen der Dolomiten, und ein rotseidener Faden umgrenzte das duftende Blütenfeld.

Müde von dem langen Ritt, lagerten die Helden vorerst in dem noch sonnenwarmen Gras. Sie konnten sich nicht satt trinken an all der Schönheit ringsum. Aber den wilden Wittig packte alsbald die Ungeduld. Er wollte Laurin herausfordern, und deshalb zerriß er mit hartem Griff den roten Faden und zerstampfte ungestüm die prachtvollen Rosen . . .

Da kam auch schon auf einem winzig kleinen Pferd ein Zwerg dahergebraust — König Laurin, der Herr des Rosengartens. Seine goldene Rüstung war in warmem Drachenblut gehärtet, und an seinem Zaubergürtel, der ihm die Kraft von zwölf Männern verlieh, hing ein nur spannenlanges Schwert mit goldenem Knauf, das sogar Stein und Eisen zerschneiden konnte. Rubine und Karfunkel leuchteten auf Helm und Krone, golden glänzte sein Schild, und der Sattel aus Elfenbein war überdies mit schimmernden Steinen verziert.

„Wer hat euch erlaubt, hier zu lagern und eure Rosse auf meine Weide zu führen?" rief er erbost mit hoher Fistelstimme. „Wer hat euch hiehergebeten? Ihr habt meine Rosen zertreten und werdet mir dafür schwer büßen. Ich nehme jedem von euch den rechten Fuß und die linke Hand!"

„Zürne nicht, Laurin", versuchte Dietrich einzulenken. „Wir sind edle Fürsten und werden dir den Schaden reich entgelten. Nächsten Sommer aber werden hier wieder deine Rosen in gleicher Pracht blühen."

„Ich bin reicher als ihr alle und kann auf euer Gold verzichten", schrie König Laurin erbittert. „Und heißt ihr euch fürstlich, warum dringt ihr dann wie eine Horde von Räubern in mein Reich und verwüstet meinen Garten? Wenn ihr den Kampf wollt, so sagt ihn offen an, das ist Fürsten Art!"

„Hört ihr, wie der Zwerg uns verhöhnt?" brauste Wittig auf. „Soll ich ihn an der Felsenwand zerschmettern?"

„Bist du so kühn wie deine Worte", rief Laurin, „so komm und stelle dich zum Kampfe!"

Wittig bestieg eilends sein Roß und ritt Laurin an. Doch dieser stach den Recken mit dem ersten Speerstoß aus dem Sattel. Dann glitt er schnell vom Pferd und wollte dem Besiegten Hand und Fuß abtrennen.

Das aber ging Dietrich zu weit. Rasch sprang er zwischen die Streitenden und hielt schützend sein starkes Schwert über den Waffenbruder. Laurins Wut schäumte von neuem auf, und er drang auf den zu Fuß kämpfenden Dietrich ein. Der schlug dem Zwerg den Knauf seines Schwertes so gewaltig auf den kunstvollen Helm, daß Laurin Hören und Sehen verging.

Schnell zog der Gnom seine Tarnkappe hervor, streifte sie über den Kopf und war nicht mehr zu sehen. Nun fiel er Dietrich von allen Seiten an, und dieser konnte sich kaum seiner Streiche erwehren. Immer wieder schlug der Berner sausend in die Luft und traf nur den Boden oder spaltete das Gestein. Schon blutete er aus vielen Wunden.

Da riet Hildebrand Dietrich zum Ringkampf. Sofort zeigte sich jetzt wieder der Zwerg. Er warf sein Schwert weg und sprang den Gegner an. „Zerbrich ihm den Gürtel", rief Hildebrand. Der zornsprühende Recke packte den Kleinen, hob ihn auf und stieß ihn so heftig auf die Erde, daß der Zaubergürtel zerbrach.

Nun hatte Laurin seine Kraft verloren. Wütend heulte er auf, dann rief er kläglich: „Schenk mir mein Leben, und ich will fortan dein Knecht sein mit allem, was ich habe!" Doch der Berner war unerbittlich und bedrängte ihn von neuem.

„Hilf du, Dietleib!" rief jetzt der Gnom. „Deine Schwester Künhild ist in meiner Hand, und du wirst sie nimmer finden, wenn ihr mich tötet!" Dietleib, der Däne, glaubte nicht recht gehört zu haben, und er sprang herbei, um Laurin zu retten. Mit Hildebrands Hilfe gelang es ihm schließlich, den Zwerg aus Dietrichs blinder Gewalt zu befreien.

Sie lagerten sich erschöpft im Gras, die Erregung des Kampfes klang ab, und Dietleib brannte vor Ungeduld, zu wissen, wo seine Schwester sei.

Laurin sagte stolz: „Ich habe Künhild zur Königin der Zwerge gemacht, und

sie besitzt alle Schätze und Kostbarkeiten des Berges." Er sah erwartungsvoll um sich, und fuhr dann wieder fort: „Als ich Künhild vor Monden vor ihres Vaters Schloß unter der Linde mit ihren Gefährtinnen tanzen sah, war ich von ihrem Liebreiz so entzückt, daß ich beschloß, sie zu entführen.

Ungesehen kam ich angeritten und warf ihr die Tarnkappe über. Dann hob ich sie zu mir aufs Pferd, und fort ging es in die Berge. Nun besitzt sie alles, was ihr Freude macht, jeder Wunsch wird ihr erfüllt, ich bin der reichste Fürst hierum, und wir wollen morgen unsere Hochzeit halten."

„Laß mich meine Schwester sehen", forderte Dietleib, „wenn du die Wahrheit gesagt hast und Künhild wirklich glücklich ist, will ich sie dir gern zur Frau geben."

In Laurins Augen glitzerte es listig auf: „Kommt alle mit in mein Reich und seid meine Gäste. Ich möchte euch gern meine Schätze zeigen."

Wittig trat mit den andern beiseite und sagte warnend: „Er wird uns alle überlisten und verderben."

Hildebrand aber rief Laurin herbei und sprach: „Höre, Zwerg, wir wollen dir vertrauen und mit dir gehen. Aber merke, dein Leben liegt in unsrer Hand, solltest du dir eine List einfallen lassen."

„Es wird euch kein Haar gekrümmt werden", erwiderte der Zwerg eifrig.

Dann führte er alle zu einer hohen Felswand, vor der sich eine Wiese von märchenhafter Schönheit ausbreitete. An einer Lärche banden sie die Rosse fest. Blumen und Sträucher blühten da überall und verbreiteten einen herben, würzigen Duft. Schmetterlinge schaukelten sich im Bergwind, die Vögel zwitscherten in den Zweigen, und zahme Tiere spielten und sprangen unbekümmert umher.

„So eine Pracht haben wir noch nie gesehen!" riefen Dietrich und Wolfhart zugleich begeistert aus. Doch der alte Hildebrand mahnte zur Vorsicht, und Wittig riet von neuem zur Umkehr.

Das hörte Laurin: „Freut euch ohne jede Sorge. Hieher kommen meine Zwerge, wenn sie die Sonne sehen und die klare Himmelsluft atmen wollen. Dann schmücken wir uns mit Kränzen und Blumen und tanzen. In Zukunft soll diese Wiese euch gehören. Aber sie ist nichts gegen die Wunder im Innern meines Berges."

Und damit schritt er majestätisch gegen die Felswand. Die tat sich auf, und die Männer traten durch ein goldenes Tor, das sich lautlos wieder hinter ihnen schloß. Sie standen in der finsteren Bergesnacht und wußten nun nicht mehr, wo sie hereingekommen waren, und allen wurde es bang ums Herz. Als sich ihre Augen an die Dunkelheit gewöhnt hatten, sahen sie Gold und Edelsteine von allen Wänden glänzen. Hübsche, freundliche Zwerginnen begrüßten sie und gingen ihnen voraus durch endlos lange Gänge. Sie hörten verborgene Quellen rauschen, und überall glitzerten wieder die bunten Steine.

Wie staunten die Männer aber erst, als sich plötzlich vor ihnen ein hoher, weiter Saal öffnete und sie im Schein von hunderten Fackeln die bizarrsten Tropfsteine an der Decke wachsen sahen. Auf kristallenem Boden standen goldene Tische und Bänke, und als die Gäste Platz genommen hatten, ließ König Laurin edlen Wein kredenzen.

Ein Zug prächtig gekleideter Zwerge betrat den Saal. Die kleinen Leute stellten sich vor den Bernern auf und sangen und tanzten, daß es eine Freude war.

Da trat Künhild, umgeben von ihren Zwerginnen, in den Saal. Sie trug eine funkelnde Krone auf dem blonden Haupt, und nachdem sie die Gäste anmutig begrüßt hatte, umarmte sie ihren Bruder lange unter heißen Tränen.

„Was fehlt dir, liebe Schwester, bist du unglücklich? Soll ich dich von hier fortbringen?"

„Mir geht es gut, Dietleib, es fehlt mir an nichts, und alles steht mir zu Diensten. Aber ich sehne mich nach unserem alten Vater, nach euch und nach den Menschen."

„Sei getrost, Künhild, ich werde dich wieder ans Licht der Sonne führen, und kostete es auch mein Leben!"

Kurz darauf geleitete man die Königin wieder in ihre Gemächer, und Laurin bat seine Gäste zu Tisch. Sie legten ihre Waffen und Kleider ab, und man gab ihnen festliche Gewänder. In einem Saal aus funkelndem Bergkristall war eine gar prächtige Tafel gedeckt, und die Zwerge trugen silberne Schüsseln voll duftender Speisen auf. Kannen und Becher waren aus purem Gold, aus Elfenbein der Tisch, und blitzende Edelsteine leuchteten allüberall.

Während die Berner so eifrig aßen und tranken, begab sich Laurin zu Künhild und beklagte sich bitter wegen der Verwüstung seines Gartens. Die Königin bat ihn inständig, den Streit ruhen zu lassen und den Männern ja kein Leid zu tun. Laurin versprach es widerwillig.

Als er sie aber verlassen hatte, steckte er heimlich einen Goldreif an den Finger, der ihm Zwölfmännerkraft verlieh. Dann ließ er seinen zukünftigen Schwager Dietleib zu sich bitten. Ohne Umschweife forderte er ihn auf, seine Waffenbrüder im Stich zu lassen und mit ihm gemeinsame Sache zu machen: „Wenn du tust, was ich dir sage, teile ich alles mit dir, was ich besitze."

Dietleib aber, fast sprachlos über diese ungeheuerliche Zumutung, rief zornig: „Ehvor das geschieht, will ich lieber sterben!"

„So bleibst du hier, bis dein Sinn sich geändert hat", knirschte der Zwergenkönig wütend, sprang schnell aus der Kammer und verriegelte die schwere Tür. Dann kehrte er, als ob nichts geschehen sei, zu seinen Gästen zurück.

Liebenswürdig nötigte er sie wieder zum Trinken. Er ließ neuen Wein auftragen, in den er heimlich einen Schlaftrunk gemischt hatte. Bald sanken die vier Recken, vom Schlaf überwältigt, auf die goldenen Bänke zurück. Nun lachte Laurin triumphierend auf. Er ließ die Ritter binden und in einen tiefen Kerker werfen.

Als die Berner aus ihrer dumpfen Betäubung erwachten, fanden sie sich gefangen im finsteren Verlies. Sie gerieten ob dieser Schmach vorerst in ohnmächtigen Zorn. Nach einigem Überlegen versuchte Dietrich, mit seinem Feueratem die Fesseln zu lösen. Er befreite sich und seine Gefährten, und sie konnten sich wieder frei bewegen. Aber die Tür des Kerkers war deshalb noch immer fest verschlossen.

Ruhelos und voll Sorge ging Künhild in ihrer Kammer auf und ab. Sie traute Laurins Versprechen nicht und machte sich deshalb heimlich auf, ihren Bruder zu suchen. Künhild besaß die Schlüssel zu allen Türen der unterirdischen Festung. Bald hatte sie die Kammer entdeckt, in der der Zwerg ihren Bruder eingeschlossen hatte. Sie befreite Dietleib, brachte ihm Waffen und Rüstung und half ihm, sie anzulegen.

Nun eilten sie, die vier Berner zu befreien. Sie brachten auch ihnen ihre Schwerter und Schilde, jedoch das Geklirr der Waffen drang so laut durch die hohen Felsenhallen an Laurins Ohr, daß dieser gewarnt wurde. Seine und des Gnomenvolkes Schicksalsstunde schien angebrochen.

Mächtig erscholl sein Horn durch den Berg, und Tausende von Zwergen rüsteten sich zum entscheidenden Kampf. Sie trugen alle Tarnkappen, und die Ritter konnten sie daher nicht sehen. Künhild wußte aber von den goldenen Ringen, die den Zauber der Tarnkappen brachen, und so eilte sie schnell zurück zur Schatzkammer.

Dietleib war als einziger schon für den Kampf gerüstet. Die Felsen erzitterten vom Lärm der Waffen. Die Unmenge der Zwerge hatte den Helden schon erhebliche Wunden beigebracht, und Dietrich und seine Getreuen wehrten sich erbittert ihrer unsichtbaren Gegner. Endlich kehrte Künhild zurück. Sie hatte vier Ringe geholt, die sie den Bernern in Windeseile an die Finger steckte.

Nun hieben sie eine breite Gasse in die Schar der wimmelnden Zwerge, aber so viele sie auch erschlugen, es sprangen immer wieder neue in die Bresche. Auch vier Riesen rief Laurin zu Hilfe. Sie kamen brüllend angestürmt und drangen auf die unerschrockenen Männer ein. Doch auch sie mußten nach kurzem, heftigem Kampfe ihr Leben lassen.

Nach stundenlangem Getümmel gelang es Dietrich, an König Laurin heranzukommen. Er besaß den Gürtel des Zwerges, und Laurin trug den Zauberreif. Verbissen schlugen sich die beiden, bis der Berner mit sausendem Hieb Laurins Ringfinger abtrennte. Der Zwerg schrie laut auf. Ein zweites Mal ward er seiner Kraft beraubt, und ängstlich entfloh das kleine Volk in seine finsteren Schlupfwinkel. Der Kampf war zu Ende.

Laurin fiel Dietrich zu Füßen und bat: „Verschone mich und mein Volk, o König! Wir sind deiner Gnade ausgeliefert, gib uns den Frieden!"

Aber Dietrich blieb hart: „Du hast uns treulos verraten, dein Leben und das deines Volkes ist verwirkt!"

Da trat Künhild hinter den Besiegten. Tiefes Mitleid hatte sie ergriffen, und es gelang ihrer Sanftmut und Lieblichkeit, Laurin und seine Zwerge vor Dietrichs gerechtem Zorn zu retten.

*

Die Sieger setzten alsbald einen Gnomenfürsten als Verwalter des Berges und seiner Schätze ein, dann rüsteten sie zum Aufbruch. Sie beluden ihre Pferde mit

Gold und Edelsteinen und hoben Künhild auf Dietleibs frommen Apfelschimmel. Laurin nahmen sie in ihre Mitte und führten ihn mit sich nach Bern.

Dietleib und seine Schwester weilten noch kurze Zeit am Hof des Gotenkönigs. Beim Abschied bat sie Dietrich inniglich, er möge Laurin weiterhin beschützen, denn sie war dem Zwergenkönig dankbar für die gütige und rücksichtsvolle Behandlung, die er ihr durch seine Liebe erwiesen hatte, als sie noch in seiner Macht war.

Laurin aber weinte bitterlich, als Dietleib seine Schwester in die Heimat zurückführte. König Dietrich von Bern schloß später Freundschaft mit dem Zwerg, und sie hielten fortan treu zusammen bis an ihr Lebensende.

Der Garten des Zwergenkönigs ist seither versunken. Kahle Felsen ragen an dem Ort, den einst die herrlichsten Rosen bedeckten. Jedoch an schönen Sommerabenden, wenn die Alpen im Widerschein der letzten Sonnenstrahlen erglühen, hängen die Blicke der Menschen noch immer wie gebannt an den Felsen. Ihre Phantasie erweckt Laurins Rosengarten wieder zu neuem Leben, und sie vermeinen ihn in seiner vollen Pracht zu schauen.

Das Burgfräulein auf Rosenegg

Alle hundert Jahre einmal darf das schöne Burgfräulein von Schloß Rosenegg den Menschen erscheinen. In ihrem kurzen Erdenleben war sie habsüchtig und treulos gewesen und konnte nun im Grab so lange keine Ruhe finden, bis sie ein Menschenkind von ihrer Strafe erlöste.

Der letzte, der die weiße Frau gesehen hatte, war ein Knabe aus Bürs. Er sammelte im herbstlichen Walde Holz für seine Mutter. Es war schon Abend, und im Eifer des Suchens hatte er sich immer weiter von zu Hause entfernt, bis er schließlich in die Nähe der Burgruine kam. Dort schnürte er das Reisig zu einem Bündel und warf es auf den Rücken. Er wollte gerade heimgehen, da stand das Burgfräulein in einem schönen, schneeweißen Gewand vor ihm auf dem Weg — in dem ungewissen Licht wallte und wogte die Gestalt wie ein Nebel hin und her.

„Mein lieber Knabe", sprach sie mit feiner, leiser Stimme, „seit Jahrhunderten muß ich hier im Schlosse eine Strafe büßen, doch du könntest mich heute erlösen — wenn du mutig genug dazu bist. Willst du meine Seele retten?"

Der Knabe sah das Gespenst ängstlich verwundert an, dann packte er aber seine Last noch fester und antwortete dem Geist entschlossen: „Die Aveglocke hat schon geläutet, und meine Mutter braucht das Holz zum Kochen. Sie wartet bestimmt schon auf mich. Doch nach dem Nachtmahl will ich gerne noch einmal da heraufkommen und dir helfen."

Das Fräulein sah ihn flehend an und bat: „Ja, komm ganz gewiß und vergiß nicht, drei geweihte Ruten mitzubringen." Der Bub versprach es. Dann lief er eilig heim zu seiner Mutter, erzählte ihr aber nichts von seinem seltsamen Abenteuer. Nachdem er sein Nachtmahl gegessen hatte, ging er leise in den Oberstock hinauf. Dort lehnte in einem Winkel der geweihte Palmbuschen. Er nahm daraus drei Ruten und lief damit eilig zur Burgruine zurück.

Das weiße Fräulein hatte schon auf ihn gewartet und war ihm ein gutes Stück entgegengekommen. Sie lächelte ihm freundlich zu und führte ihn hinauf zum Schloß. Dort schwebte die Erscheinung über eine enge, halb verfallene Treppe hinunter in ein tiefes Gewölbe. Der Bub folgte ihr tapfer. In einem dunklen Winkel stand eine Truhe — auf ihrem Deckel lag ein schwarzer Hund, der schlief. „Jetzt merke auf", sagte das Burgfräulein, „diesem Hund mußt du mit jeder der geweihten Ruten einen Streich geben, nach dem dritten Streich springt er zu Boden. Ich gebe dir einen Schlüssel von meinem Bund, der die Truhe öffnet. Der Schatz, den du darinnen findest, gehört dir, und damit hast du mich endlich erlöst."

Daraufhin nahm der Knabe zögernd die erste Rute und gab dem Hund einen Streich. Das Tier fuhr auf und fing so fürchterlich zu knurren an, daß das Gewölbe

widerhallte. Seine Augen begannen böse zu glühen, und die borstigen, schwarzen Haare sträubten sich. Dem Buben klopfte das Herz bis zum Hals. Da er aber ein tapferer kleiner Kerl war, riß er sich zusammen.

So nahm er denn die zweite Rute und schlug noch einmal zu — aber, o Graus! Erst knurrte, dann bellte der Hund so laut, daß dem Kind das Mark in den Knochen erstarrte. Die Augen des Tieres wurden so groß wie Feuerräder und die Gestalt wuchs, bis sie die Decke des Gewölbes erreichte. Aufschreiend fuhr der Bub zurück, er zitterte am ganzen Körper wie Espenlaub, warf noch einen entsetzten Blick auf die schwarze Bestie, und dann lief er die Treppen hinauf, so schnell ihn seine Füße tragen konnten. Hinter sich hörte er das Burgfräulein schreien: „Du hast mich nicht erlöst! Jetzt muß ich noch neunhundert Jahre büßen!" und der Geist jammerte und weinte bitterlich.

Doch der Junge lief weiter wie gejagt. Die dritte Rute hielt er noch in der Hand. Am Fuße des steilen Burghügels blieb er aufatmend stehen. Der Mond schien hell und freundlich, leichte Nebel wallten über Wiesen und Hecken, und das nächtliche Schreckgespenst verlor allmählich seine Macht über ihn. Doch wie glücklich war der Knabe, als er zu Hause bei seiner Mutter anlangte und sicher und warm in seinem Bette lag.

Nie wieder wollte er Schätze suchen. Das schwur er sich im geheimen, und das hat er auch treu gehalten sein Leben lang. Er wurde ein braver Bauer, der bis an sein Ende redlich mit seiner Hände Arbeit seine Familie ernährte.

Der Geisterritt

An den langen Herbst- und Winterabenden, wenn alle andere Arbeit ruhte, kamen in den abgelegenen Berghöfen der Seiser Alm die Bauersfrauen und Mädchen zusammen, um zu spinnen. Sie saßen in der warmen, gemütlichen Stube um den großen Kachelofen, und während sich ihre geschickten Hände fleißig regten, hörten sie aufmerksam zu, wenn eine von ihnen alte Sagen und Märchen erzählte, die ihr von Ahne und Urahne her bekannt waren.

Auch die Sage vom Geisterritt gehört zu diesen Spinnstubengeschichten:

Wieder war eine schwere Zeit über das Land gekommen. Die blühenden Söhne des Landes waren im Krieg gefallen, und was noch übrigblieb, raffte die Pest dahin. Tag und Nacht wimmerte das Zügenglöckchen vom Seiser Kirchturm. Ganze Höfe waren schon ausgestorben. Die Toten wurden haufenweise notdürftig im freien Feld verscharrt, da der Friedhof sie nicht mehr aufnehmen konnte. Armut und Elend herrschten überall.

Die Kühe brüllten wild in den dumpfen Ställen. Sie litten Hunger und Durst, und niemand fand sich, sie zu melken. Die Felder verdorrten unter der glühenden Sonne. Wer sollte sie abernten? Ängstlich verkrochen sich die Menschen in ihre Hütten und Höfe, und keiner getraute sich, den anderen zu besuchen — aus Angst vor dem Schwarzen Tod.

Im Hauensteiner Schloß aber, da ging es hoch her. Niemand kümmerte sich um Krankheit und Not, es wurde getafelt und gebechert, gespielt und getanzt, als ob es kein großes Sterben gäbe. Immer neue vornehme Besucher kamen und gingen. Die adeligen Herren und Damen dachten einzig und allein an ihr Vergnügen und streiften in Begleitung von Jägern und Hunden hoch zu Roß durch die wildreichen Wälder Die Nächte durchzechten sie bei üppigen Gelagen, und das laute, ausgelassene Leben nahm kein Ende.

Es war an einem trüben Spätsommertag. Wie graue Schleier hatten sich die Nebel vor die untergehende Sonne gelegt. Kühler Wind fegte über die verbrannten Felder, und der Geruch des Herbstes lag schon in der Luft. Da saß am Feldrain eine alte, armselig gekleidete Frau und betete weinend zu Gott um Erbarmen. Als sie aufsah, erblickte sie ein Trüpplein adeliger Damen und Herren, die in einer dichten Staubwolke auf der schmalen Straße zum Schloß Hauenstein zogen.

Der erste im Zuge, ein feister Mann mit rotem Gesicht, hielt vor der Alten, warf ihr ein paar Kupfermünzen in den Schoß und fuhr sie grob an: „Was heulst du, Weib? Mach dir einen guten Tag und verdirb uns nicht die Laune mit deinem Jammer."

Da schluchzte die Frau laut auf: „Von sechs gesunden, kräftigen Söhnen sind mir drei im Krieg gefallen und die andern hat die Seuche dahingerafft. Gestern

haben sie meinen Jüngsten auf dem Pestanger eingescharrt." Wieder flossen schwere Tränen, und verzweifelt stöhnend hielt sie die Schürze vor das Gesicht.

Die vornehme Gesellschaft aber hatte kein Herz: Kalt und teilnahmslos blickten ihre Augen auf das namenlose Elend dieser Mutter. Doch nicht genug damit, der erste im Zuge beugte sich höhnisch herab: „Da hinten ist noch ein Roß, setz dich schnell drauf, dann sind die sieben voll."

Unter schallendem Gelächter gaben die Übermütigen ihren Pferden die Sporen und stoben davon. Staubwolken umhüllten sie wieder. Die Alte hatte sich taumelnd erhoben, ihre Augen funkelten wild, und die dürren Arme zum Himmel streckend, schrie sie in fürchterlichem Zorn den Reitern gellend nach: „Ich reite heute noch — doch ihr alle reitet mir voran, so wahr ein Gott im Himmel lebt."

Noch nie waren im Hauensteiner Schloß die Wogen der Lebenslust so hoch gegangen wie in dieser Nacht. Die Säle waren von hunderten Kerzen hell erleuchtet, die Tafeln bogen sich unter der Last der üppigen Speisen und Getränke. Unentwegt spielten Musikanten zum Tanz. Die Gäste aßen und tranken, tanzten und jubelten, als wollten sie alle Freuden dieser Welt auf einmal genießen.

Als der Wächter auf dem Turm Mitternacht verkündete, wurde es plötzlich still in den prächtigen Schloßräumen. Mit grellem Mißton war die Musik verstummt, unruhig und trübe flackerten die Kerzen, alles schien glanzlos und schal. In diese Stille fiel das Geräusch von Pferdegetrappel, das sich vom Walde her rasch näherte.

Bestürzt und beunruhigt sahen sich die Gäste an. Ihre eben noch lebensfroh blitzenden Augen wurden matt, die roten, frischen Wangen erbleichten, und Fieberfrost begann ihre Glieder zu schütteln. Wie auf ein Zeichen erhoben sich alle.

Zitternd und bang schritten sie aus dem Saal, die Freitreppe hinunter in den gepflasterten Hof, wo ihre edlen Pferde schon gesattelt warteten. Wer hatte sie geholt? Sie fragten nicht darnach. In ihren glänzenden Roben verließen die Adeligen wie unter einem geheimnisvollen Zwang einer nach dem andern das gastliche Schloß, um nie mehr dahin zurückzukehren.

Ihnen nach aber ritt das arme Weib, das sie am Morgen so herzlos verhöhnt hatten. Als sie an dem Stein vorüberkamen, auf dem sie gesessen war, streckte die Alte die dürren Arme zum nächtlichen Himmel empor und rief: „Sieben waren es heute früh — jetzt sollen es dreizehn sein!"

Jedes Jahr aber, wenn das Korn zum Schnitt reif war, bewegte sich zu mitternächtlicher Stunde ein gespenstiger Zug über die Felder von Seis. Vom Hauensteiner Wald herab ritten dreizehn vornehme Frauen und Männer. Dunkle Schleier flatterten schaurig im Wind, und unter den breiten Hüten mit den Federbuschen leuchteten fahle, unheimlich grinsende Totenschädel hervor. Den Geisterzug beschloß ein altes Weib auf einem dürren Gaul.

Jeden Zeugen dieses düsteren Schauspiels ergriffen Angst und Grauen, und befreit atmete man erst auf, wenn die Erscheinung an der Stelle des alten Pestfriedhofes verschwunden war.

Der kopflose Butz

Ein Krämer wanderte vor langer Zeit von Sterzing aus durch das Pfitscher Tal und über das hochgelegene Joch, um seine Waren nördlich des Gebirges im Zillertal zu verkaufen.

Der Tag war schwül, und der weite Weg wurde dem Mann immer beschwerlicher. Er trug eine hochaufgepackte Kraxe auf dem Rücken, und obwohl er in St. Jakob schon einige seiner Waren an den Mann gebracht hatte, war seine Last kaum leichter geworden. Als die Dämmerung hereinbrach, suchte er sich in einer leeren Kaserhütte sein Nachtquartier.

Über die Berge zog ein Gewitter her, grellweiß zuckten die Blitze in der Finsternis. Gleich darauf dröhnten krachende Donnerschläge, die von den Felsen widerhallten, und ein heftiger Wind peitschte den Regen über die Almen hinweg.

Der Krämer war froh, einen sicheren Unterschlupf gefunden zu haben. Er richtete sich in der verlassenen Hütte ein, so gut er konnte, und nachdem er trokkenes Holz zusammengesucht hatte, entfachte er im Herd ein Feuer, das bald lustig zu prasseln begann. Der Schein der züngelnden Flammen spielte über die Wände der einfachen Stube und beleuchtete einen Butterkübel und eine Melter, die daneben in der Ecke stand. Schmutz und alte, ranzige Butter klebten noch an den Gefäßen.

Der erschöpfte Mann fühlte sich nach dem mühevollen Weg, den er hinter sich hatte, recht behaglich, und als die ärgste Müdigkeit vorüber war, spürte er seinen leeren Magen. Hunger und Durst begannen ihn zu quälen, jedoch er suchte überall vergeblich nach etwas Eßbarem. So legte er sich denn auf das schüttere Heu und versuchte trotz der stürmischen Nacht zu schlafen.

Kaum hatte er die Augen geschlossen, als ein Donnerschlag die Hütte erschütterte, und neben dem Butterkübel erschien in fahlem Lichtschimmer ein Männlein, das keinen Kopf hatte.

Es kratzte emsig Schmutz und Staub von den hölzernen Gefäßen, bis sie ganz sauber waren. Dann nahm es die Melter und hielt sie dem erschrockenen Krämer mit der stummen Aufforderung, daraus zu trinken, vor das Gesicht.

Der Mann bekreuzigte sich ängstlich und schlug auch über die Melter ein Kreuz — und siehe da, die schmutzigen Reste verwandelten sich in reine Milch, die der durstige Krämer gleich gehorsam austrank.

Da wurde das kleine, zusammengeschrumpfte Männlein größer und größer, ein grauhaariger Kopf wuchs zwischen seinen Schultern hervor, und es begann zu erzählen:

„Neunhundert Jahre warte ich schon auf meine Erlösung, denn du mußt wissen, daß ich zur Strafe für meine Verschwendung in ein kopfloses Männchen verwandelt wurde. Als Senner habe ich immer Milch zum Reinigen der Gefäße

verwendet. Du hast mir geholfen, und ich danke dir dafür. Aber ich muß noch so lange auf Erden wandeln, bis alle verschwendete Milch getrunken ist, erst dann darf ich in die ewige Seligkeit eingehen. Leb wohl und hüte dich, die Gaben Gottes zu vergeuden, damit es dir nicht so ergehe wie mir."

Nach diesen Worten verschwand der Geist, und der Krämer legte sich beruhigt schlafen.

Auf seinen weiten Wanderungen erzählte er das nächtliche Erlebnis allen Leuten, die es hören wollten, und auf diese Weise ist die sonderbare Geschichte bis auf den heutigen Tag erhalten geblieben.

Der Ausbruch des Gadriasees

In uralten Zeiten war das Georgskirchlein, das eine halbe Wegstunde oberhalb von Kortsch liegt, ein berühmter Wallfahrtsort. Von nah und fern strömten die Leute herbei, um zu dem wundertätigen Gnadenbild zu beten.

Am Fuß des Berges, zwischen Schlanders und Laas, lag damals eine große, reiche Stadt, deren übermütige Einwohner Gott und alle Heiligen vergessen hatten, die weder beteten noch in die Kirche gingen, sondern nur dem Genuß und dem Vergnügen lebten.

Manchmal ließ Sankt Georg Murbrüche aus dem hochgelegenen Tal zur Warnung der leichtsinnigen Menschen niedergehen. Doch diese verstanden solche Zeichen nicht mehr zu deuten, sie bemühten sich auch gar nicht darum, sondern bauten dicke Mauern zum Schutz gegen das Wildwasser und blieben so gottlos wie bisher.

Hoch oben im Gadriatal breitete sich zu dieser Zeit noch der dunkle Spiegel eines Sees, an dessen Ufer eine große Felsenhöhle in das Berginnere führte. Sankt Georg schickte nun, weil die Städter sich gar nicht bekehren wollten und weil alle Warnungen an diesem gottlosen Volk unbeachtet vorübergingen, seinen Drachen in diese Höhle.

Das Untier gehorchte seinem Meister, es zog in die Grotte und richtete fortan unter den Viehherden der reichen Leute großen Schaden an. Nun dachten die Städter angestrengt nach, wie sie sich von dem Drachen befreien könnten, und schließlich kam ihnen ein guter Gedanke.

Sie schlachteten ein Kalb, zogen ihm vorsichtig das Fell ab, füllten es mit ungelöschtem Kalk und nähten es wieder zusammen. Mit diesem ausgestopften Kalb stiegen einige Männer die steilen Hänge hinauf und ließen den lockenden Fraß mit Stricken über die Felswände zum See hinab.

Als der feuerspeiende Drache zur Nachtzeit aus seiner Höhle hervorkroch, sah er das Kalb im Mondlicht am Ufer stehen. Flügelschlagend stürzte er darauf zu und schlang es gierig hinunter. Dann ließ er sich befriedigt in den See gleiten und tauchte in die kristallklare Tiefe.

In großen Schlucken trank er das eiskalte Wasser, das sich in seinem Magen mit dem ungelöschten Kalk vermischte und dem Drachen furchtbare Schmerzen bereitete. Das gequälte Tier schlug so wild um sich, daß sich die Wellen haushoch türmten und den Damm, der das Seebecken vom Tale trennte, durchbrachen. Ungehemmt stürzten die aufgestauten Wassermassen tosend und brausend über die Felsen hinab und rissen große Mengen von Steinen und Geröll mit in den Abgrund.

Als am nächsten Morgen die Sonne über die Berge stieg, war die Stadt samt ihren Einwohnern verschwunden. Ein hoher Schutthügel hatte alles Leben begraben. Den Drachen schwemmten die Fluten weit fort bis in die Gegend zwischen Terlan und Bozen, wo er in seinen Todeszuckungen noch sieben Eichenbäume zersplitterte. Davon soll die Ortschaft Siebeneich ihren Namen haben.

Der Allerseelenreiter

Am Eingang in das Martelltal, hoch über dem Dörfchen Morter, ragen einsam auf waldigem Hügel die efeuumsponnenen Mauerreste des Schlosses Montani in den Himmel.

Zur Zeit der Völkerwanderung durchstreiften Scharen abenteuernder Krieger ruhelos das Land, und wo sie aufeinanderstießen, kämpften sie bis zum letzten Blutstropfen. Gewalt ging vor Recht, nirgends war Sicherheit und nirgends Frieden.

Der Vintschgau war damals eine unwirtliche Gegend, von Menschen kaum besiedelt; Wildnis ringsumher, undurchdringliche Wälder, in denen Wölfe schaurig heulten. In den Tälern breiteten sich Sümpfe und Moraste aus.

Vom Süden herauf zog ein Gotenfürst mit seinen Söhnen und einer blühenden Tochter, mit Pferden und vielem Gesinde in diese Einsamkeit. Schutz und Ruhe für sich und die Seinen suchte er hier. Er ließ ein wehrhaftes Schloß bauen, das er mit allem versah, was in dieser unsicheren, gewalttätigen Zeit die Vorsicht gebot. Da er mächtig und reich war, wurde die Burg mit Erkern und Bogenfenstern, mit Säulen und Fresken ausgestattet, so daß alle Bewohner sich des schönen Anblickes erfreuen konnten.

Der Burgherr, ein verschlossener, schroffer Mann, hatte den christlichen Glauben seiner Gemahlin, einer edlen Römerin, angenommen und stand nun in hartem Widerspruch zu seinem Volk, das er liebte und dessen Untergang ihn schwer bedrückte. Seine Seele war zerrissen und voll Trauer.

Kein Gast wurde je in das Schloß gebeten, jedem Menschen ward der Eingang verwehrt. So fest verschlossen wie das Herz des düsteren, alten Mannes war auch das feste, eisenbeschlagene Tor für Freund und Feind.

Die Söhne, starke und mutige Jünglinge, arbeiteten fleißig mit den Dienern in Höfen und Ställen. Die Tochter aber, der Mutter gleich, mit schwarzem Haar, mit edlem, feingeschnittenem Gesicht und großen, dunklen Augen, anmutig und lebhaft, hielt es nicht in den festen Mauern. Die Burg war ihr zu eng, zu einsam. Täglich ritt sie den steilen Schloßberg hinunter in die Wälder, durch die Moore, den Falken auf der Hand, dem Wilde nach.

Eines Abends kam sie atemlos, mit fliegendem Haar und hochgeröteten Wangen auf schäumendem Roß in den Burghof gesprengt. Es war Herbst, Nebel stiegen aus den Sümpfen im Tal, und ein kalter Wind fegte von den schneebedeckten Bergen.

Oben im Saal des Schlosses brannte ein knisterndes Feuer im Kamin, und alle Bewohner lauschten gespannt dem Bericht eines Kundschafters, der aus dem unteren Etschtal zurückgekommen war. Niemand achtete der Zuspätkommenden, die sich unbemerkt in eine Ecke setzte. Beunruhigende Neuigkeiten brachte der Mann von der Reise mit.

Die Ostgoten waren nach langem, verzweifeltem Kampf unterlegen und wurden von den Feinden bis in die Berge und in die einsamen Täler verfolgt. Das Land wimmelte von Siegern und Besiegten, und weithin sichtbar loderten die Feuer brennender Dörfer und Gehöfte.

Besorgt hörte der greise Fürst die Kunde, und mit düsterer Miene erklärte er, weder Goten noch Welschen Hilfe und Unterkunft zu gewähren und keinen Menschen mehr aus dem Schloß zu lassen. Unwillig betrachteten die Söhne ihren Vater, erbittert und zornig blitzten die Augen des Mädchens. Aber es half ihnen nichts. Der unzugängliche alte Mann beachtete ihre stumme Mißbilligung nicht, alles mußte sich seinem eisernen Willen fügen.

Seit diesem Abend war das Mädchen verändert. Die Fröhliche und Lebhafte saß still und traurig am Fenster oder stieg zum hohen Turmgelaß hinauf und schaute sehnsüchtig in das Tal.

Ein Wildbach rauschte ungestüm am Hügel vorbei, Adler stießen pfeilschnell aus der Höhe auf ihre Beute, alles war Leben und Bewegung, nur sie war eingesperrt und zur Untätigkeit verdammt. Ein junger, gotischer Krieger aus edlem Geschlecht war ihr am letzten Tag ihrer Freiheit im Tal begegnet. Sie hatten sich Liebe und Treue geschworen.

Langsam verrannen die Stunden des Tages. Die bunten Blätter der Laubbäume fielen lautlos zur Erde, in warmem Goldton glühten die Lärchen, und frische Schnee deckte die nahen Berge. Die Sonne beendete früh ihren Lauf, und der große Kamin in der Halle mit seinen prasselnden, wärmenden Scheiten vereinte dann die Schloßleute. Das Mädchen saß abseits am Fenster, und manchmal liefen Tränen über seine blaß gewordenen Wangen.

Da kamen Pferde den Burghügel heraufgaloppiert, ganz deutlich war das Getrappel der Hufe zu hören, und alle sprangen auf und liefen hinaus. Ein kleiner Trupp schwerbewaffneter Männer hielt vor dem Burggraben.

Es waren Ostgoten. Ihr Anführer, jung, schön und edel, bat den Schloßherrn um Unterkunft für sich und seine Gefährten. Eine große, feindliche Übermacht verfolge sie, und wenn er ihnen nicht Schutz böte, seien sie verloren. Doch kalt wies der Fürst sie ab.

Da trat seine Tochter vor ihn hin. Mutig und ohne Scheu gestand sie dem Vater ihre Liebe zu dem vornehmen Goten, aber das Herz des Burgherrn war nicht zu rühren. Starr blieb er bei seiner Weigerung.

Der Jüngling gemahnte an den Eid, den er dem Volk geleistet hatte — doch der Fürst war Christ geworden, der Eid band ihn nicht mehr. Die Söhne sahen entsetzt auf ihren Vater, die Tochter wandte sich ab, und ihr entschlossener Blick traf den jungen Krieger.

Stolz und todesmutig wandte die Schar ihre Pferde und stob den Burgweg hinab in den Wald; doch der letzte Reiter, ein finsterer Riese, wandte sich mit drohend geballter Faust gegen den Fürsten und stieß einen schrecklichen Fluch aus.

Im Schloß herrschte eisiges Schweigen. Die Söhne und das Gesinde zogen sich zurück, die Tochter schloß sich in ihr Gemach ein. Grübelnd und brütend saß der alte Mann vor dem verlöschenden Feuer der Halle.

Die Nacht breitete ihren dunklen Mantel aus, doch keinen erlöste der Schlaf. Plötzlich erscholl Waffenlärm aus der Tiefe des Waldes, lauter, wilder, stürmischer wurde er, bis er allmählich erstarb und wieder Totenstille über dem Tal lag.

Am frühen Morgen entdeckten die Brüder der Schwester Flucht. Die Kammer war leer. Voll böser Ahnungen ritten sie in die Wälder hinunter, der Vater begleitete sie. Stunde um Stunde verging mit vergeblicher Suche.

Da kamen sie zu einer Lichtung. Ein Schrei des Entsetzens entrang sich der Brust des starrköpfigen Vaters. Die kraftlosen Strahlen der Herbstsonne beschienen ein Leichenfeld, und mitten unter Bergen von erschlagenen Welschen und Goten fanden sie die Schwester, tot an der Seite des gefallenen Jünglings.

Ein neues Jahr war ins Land gezogen. Kalt und frostig kam der Herbst. Wieder saßen die Schloßbewohner vor dem flackernden Feuer. Da horchten sie auf. Hufschlag klang vom Burgweg her. Drei schwere Schläge donnerten gegen das Tor. Erschrocken sprangen die Männer auf und eilten in den Hof.

Voll Grauen sahen sie die Türflügel weit geöffnet und draußen in Nacht und Wind einen riesenhaften Reiter auf schwarzem Roß, der drohend die Hand gegen den Fürsten hob und mit Grabesstimme ihn und seine Kinder verfluchte. Dann wandte sich das Gespenst und verschwand im Wald.

Eine schwere Krankheit befiel einen der Söhne, nach kurzer Zeit wurde er zu Grabe getragen. Das Jahr verging, es kam wieder der Herbst mit Nebel, Schauern und entlaubten Bäumen, und wieder stob der Reiter vor das Tor des Schlosses. Bald darauf starb der zweite Sohn.

So sank Jahr für Jahr ein Sproß des Stammes in das Grab, bis als letzter der alte Fürst sein Leben ließ. Auch späteren Geschlechtern erschien noch manchmal in der Nacht vor Allerseelen der unheimliche Reiter. Die Schloßbewohner zitterten vor seinem Anblick in Angst und Grauen.

Die Erscheinung war stets das Todesurteil für einen glücklichen, gesunden Menschen. Und keiner wußte, wen es treffen würde.

Starkwölfel, der Drachentöter

Auf der Hochfläche zwischen dem Eggen- und dem Brantental lebte einst bei Deutschnofen ein Riese, Wölfel mit Namen. Er war so groß gewachsen, daß er ohne Mühe auf das Dach eines Bauernhauses langen konnte, und so stark und rund wie ein mächtiger Baum. Die Leute der Umgebung hatten den gutmütigen Burschen recht gern, half er ihnen doch aus mancher Bedrängnis, und weil er so kräftig war, nannten sie ihn den Starkwölfel.

Unten im Etschtal, in den tiefen, dunklen Höhlen oberhalb des Dörfchens Pfatten, hatte sich ein furchterregender Drache niedergelassen. Er war über das Meer gekommen und versetzte nun die Bauern und Kaufleute des Etschlandes in Angst und Schrecken.

Bei Tage schlief er, aber im Zwielicht der Dämmerung kam er aus seiner Höhle heraus; seine Augen funkelten blutgierig, und sein Atem kam als feurige, giftige Wolke aus dem zähnestarrenden Rachen. Weit breitete er seine Flügel aus und schwang sich hinweg von den roten Klippen seiner Behausung über Land und Fluß, über Moore, Wiesen und Wälder.

Wohin sein Hauch reichte, erstarb alles Leben. Er versengte Bäume und Sträucher, Blumen und Gras. Voll Entsetzen flüchteten die Menschen vor ihm, wenn aber doch einmal ein Unbesonnener in seine Reichweite kam, war er verloren. Das Untier packte ihn, fraß ihn auf und warf das Haupt des Armen vor seine Höhle.

Dort hatte sich schon ein Berg von Totenschädeln angesammelt. Das Land ringsumher war verwüstet und verbrannt. Die Bauern waren mit ihren Herden fortgezogen. Abend für Abend zog der flammende Drache seine Kreise. Wie ein Schatten des Unheils schwebte er über dem Tal. Im Mondlicht glänzten die stählernen Schuppen des Riesenleibes, und die Augen glühten wie Feuerräder.

Gar mancher hatte sich schon aufgemacht, das Ungetüm zu besiegen, aber keinem war es bisher gelungen, und der Berg von Totenköpfen wurde immer größer. Da hörten die geängstigten Talbewohner von dem starken Wölfel. Sofort machten sie sich auf den weiten Weg nach Deutschnofen und baten den Riesen, er möge ihnen doch aus ihrer großen Not helfen, nur er sei imstande, das Untier zu erlegen.

Starkwölfel lachte, daß sich die Bäume bogen, das war die richtige Arbeit für ihn; dann erhob er sich zu seiner ganzen Länge und machte sich mit weitausholenden Schritten auf den Weg. In kurzer Zeit war er in Pfatten angelangt. Er besah sich die Höhle des Drachen zuerst von unten und schwang sich dann kühn auf einen Felsen oberhalb des Einganges.

Es war Mittagszeit, und der Lindwurm schlief. Starkwölfel wollte ihn wecken und schlug mit seiner Eisenstange kräftig an den Stein, daß es weithin dröhnte.

Der Drache rührte sich nicht. Der Riese warf Steine, er pfiff und sang mit einer Stimme, die Tote hätte zum Leben erwecken können. Es nützte nichts, das Tier schlief.

Da schickte er einen Bauernburschen, der ihn begleitet hatte, zu einer nahen Almhütte um einen Eimer Milch. Nach kurzer Zeit hielt er das Gefäß in seinen Händen, knüpfte ein Seil daran und ließ es vorsichtig hinunter. Gerade vor dem Höhleneingang baumelte der volle Eimer, und was Rufen, Klopfen und Steineschleudern nicht vermocht hatten, das brachte der Duft des weißen Trankes zuwege.

Das Untier erwachte und kroch blinzelnd an das Tageslicht. Wie schrecklich sah es aus! Die messerscharfen Krallen und die dornenbewehrten Schuppen schillerten metallisch im Sonnenlicht, und der glühende Gifthauch des Wurmes brach aus dem mörderischen Rachen.

Aber Starkwölfel ließ sich davon nicht abschrecken. Als das Tier mit seinen Vorderfüßen den Eimer erfaßt hatte und gierig die süße Milch schlürfte, brach der Riese einen gewaltigen Felsbrocken aus und schleuderte ihn gerade auf das Haupt des Drachen. Unter wilden Zuckungen und Feuerspeien verendete das Ungeheuer, und sein schwarzes Blut floß über den Felsen hinunter bis in die Etsch, so daß der Fluß über die Ufer trat und weithin das Tal überschwemmte.

Die Bauern aber dankten dem Drachentöter aus vollem Herzen. Zufrieden zog Starkwölfel wieder zurück in die heimatlichen Wälder. Das Land war befreit, und neues Leben erblühte. Wiesen und Bäume begannen zu grünen, und die Menschen kehrten heim in ihre verlassenen Häuser und bestellten ihre Felder. Seither hat kein Drache mehr den Frieden des Tales gestört.

Der Jäger Berchtold

Einsam im Walde stand das Haus eines alten Försters, der dort allein mit seiner schönen Tochter lebte, die ihm die Wirtschaft führte. Der Alte ging noch eifrig seiner Arbeit nach, so gut er es vermochte, aber sie wurde ihm immer schwerer, und er wünschte sich nichts sehnlicher als einen Gehilfen, der ihm die Last und die Verantwortung abnehmen könnte.

Eines Tages kam ein junger, frischer Bursch des Weges und machte Rast beim Försterhaus. Daß er frei und ungebunden war, kam dem Förster gerade recht. Sie einigten sich schnell, und nun ging es Tag für Tag mit den beiden Hunden in den Wald. Berchtold, so hieß der Jüngling, wurde allmählich in die Regeln des edlen Weidwerks eingeweiht.

In seinen Mußestunden half er dem hübschen Mädchen auch bei der Arbeit, und es dauerte nicht lange, so hatten sich die jungen Leute ineinander verliebt. Sorglos lebten sie in den Tag hinein, und jeder war glücklich in der Gegenwart des anderen.

Der Tod des alten Försters setzte diesem friedlichen Zusammensein ein jähes Ende. Das Mädchen zog zu Verwandten in die Stadt. Berchtold aber, der so arm war wie eine Kirchenmaus, konnte nicht daran denken, seine Liebste zu heiraten, und so mußten sie sich trennen.

In seiner Verzweiflung rief der Jäger die Hunde zusammen und lief mit ihnen stundenlang durch die Wälder. Er dachte immerzu an seine Liebste und haderte mit dem Schicksal. Plötzlich schlugen die Hunde an, und bald darauf trat Berchtold aus dem Wald. Vor ihm lag ein großer See, den er noch nie gesehen hatte.

In dem dunkelgrünen Wasser spiegelten sich hohe, steile Felswände, und ein Schwan glitt einsam über die spiegelglatte Fläche. Als der Vogel ganz nahe gekommen war, verwandelte er sich vor des Jägers verwunderten Blicken in eine anmutige Nixe.

„Was ist die Ursache deines Kummers?" fragte sie den Jüngling, der traurig am Ufer stand. Der junge Mann schüttete der Seejungfrau sein Herz aus und schilderte ihr sein Schicksal. Mitleidig versprach sie, ihm zu helfen.

Berchtold sollte in die Tiefen des kalten Königssees tauchen, dort würde er sein Glück finden. Der Bursche zögerte vorerst begreiflicherweise. Aber wie staunte er, als sich vor ihm die reichen Schatzkammern am Grunde des Wassers auftaten. Er durfte mitnehmen, so viel er wollte und was er tragen konnte. Das ließ er sich nicht zweimal sagen. Als der Jüngling wieder am Ufer stand, war er ein reicher Mann. Dankbar sah er sich nach der Nixe um, doch diese war verschwunden, und der silberweiße Schwan zog wieder still über das Wasser.

Nun eilte Berchtold unverzüglich in die Stadt, um sein Mädchen heimzuholen, und ein paar Tage später wurde festliche Hochzeit gehalten. Das junge Paar besaß alles, was Menschen sich nur wünschen können. Leider aber währte das

Glück nicht lange. Berchtold und seine Frau lebten in Saus und Braus, und allmählich schwand der Reichtum dahin. Eines Tages mußten sie erkennen, daß sie wieder so arm waren wie vor der Hochzeit.

Da erinnerte sich der Jäger an die Nixe im Königssee, und er machte sich auf den weiten Weg. Als er sinnend am Ufer stand, sah er in der Ferne den Schwan. Majestätisch, mit weit geblähten Flügeln schwamm er über das unergründlich tiefe Wasser auf Berchtold zu, und wieder verwandelte er sich in die Seejungfrau. Der Jäger erzählte wahrheitsgetreu und voll Reue, wie er alles Geld verjubelt habe und nun wieder bettelarm sei.

Ernst hörte die Nixe zu. Noch einmal wollte sie dem leichtsinnigen Menschen helfen. Goldne Schätze konnte Berchtold dieses Mal nicht holen, aber die Seejungfrau zeigte ihm die mächtigen Salzlager in den Bergen und beriet ihn, wie er diese Quellen des Reichtums und der Macht ausschöpfen könne.

Berchtold arbeitete fleißig und unermüdlich. Er stellte Knappen an und erschloß mit ihnen diese Schätze des Berges. Allmählich entstand eine Siedlung, die nach dem Jäger und Gründer den Namen „Berchtoldsgaden" erhielt, der sich im Laufe der Jahrhunderte in unser heutiges Berchtesgaden verwandelte.

Die Entstehung des Passionsspieles in Oberammergau

Zur Zeit des Dreißigjährigen Krieges wütete die schlimmste aller Seuchen, die Pest. In allen Ländern Europas verbreitete sie ihren giftigen Hauch, alt und jung raffte sie dahin, und die Menschen zitterten überall vor Angst und Schrecken.

Auch in Bayern hielt der Schwarze Tod seine Ernte. Da versammelten sich die Männer von Ammergau und beschlossen, ihr Tal gegen die Außenwelt abzuriegeln. Niemand wurde fortan über die Berge hereingelassen, und die Bewohner des Tales hofften, durch diese Vorsichtsmaßnahme der Krankheit zu entgehen. An wichtigen Wegen und Bergübergängen hielten Hirten und Bauernburschen Wache. Sie versahen ihr Amt gewissenhaft, und bis zum Kirchweihfest ging alles gut, das Gebot wurde treu gehalten.

Ein Ammergauer Taglöhner arbeitete schon seit Monaten in Eschenlohe, jenseits der Ettaler Berge. Er hatte solches Heimweh nach Weib und Kind, daß er den weiten Weg nicht scheute und sich aufmachte, um die Feiertage bei seiner Familie zu verbringen.

Da ihm das strenge Verbot seiner Landsleute bekannt war, wanderte er in dunkler Nacht auf verborgenen Wegen über das Gebirge. Im Morgengrauen erreichte er ganz erschöpft seine Hütte. Die Freude des Wiedersehens währte nicht lange, denn der Unglückliche hatte den Todeskeim in sich getragen und starb am dritten Tag unter unsagbaren Qualen.

Nun fing die Seuche im Tal zu wüten an. In ihrer großen Not wandten sich die Ammergauer an Gott den Herrn um Trost und Hilfe, und sie gelobten, alle zehn Jahre die Leidensgeschichte andächtig und feierlich darzustellen, wenn sie von der Pest befreit würden.

Und wirklich — ihr inbrünstiges Gebet wurde erhört. Wie durch ein Wunder erlahmte die Kraft der tödlichen Krankheit. Überall im Tal regte sich neues Leben, und die Menschen, die eben noch geweint und gezittert hatten, die in Furcht und Schrecken erstarrt waren, begannen wieder zu lachen und sich der schönen Welt zu erfreuen. Trotzdem vergaßen sie ihr Gelübde nicht.

Im nächsten Jahr erbaute die Bevölkerung in gemeinsamer Arbeit ein großes Theater, und die Einwohner von Oberammergau verkörperten die Passionsgeschichte so eindringlich und ergreifend, daß sich die Menschen von weither zu den Spielen drängten.

Seither wurde dieses fromme Schauspiel alle zehn Jahre wiederholt, und der Strom der Zuschauer brachte so viel Geld in das stille Tal, daß den Oberammergauern ihr Gelübde auch in dieser Hinsicht zum Segen gereichte.

König Watzmann

In uralten Zeiten herrschte ein gar grausamer Tyrann über die heutigen Länder Salzburg und Bayern. Sein Schloß stand am Ufer des Königssees, dort wohnte er mit seinem Weibe und sieben Kindern, mit dem verängstigten Gesinde und einer Meute blutrünstiger Hunde. Watzmann, so hieß der Herrscher, verbreitete Furcht und Schrecken im Lande, und seine Greueltaten schrien zum Himmel.

Einmal war ihm gar eingefallen, Bauern statt der Ochsen vor den Pflug zu spannen und sie dann mit den Bluthunden zu hetzen, damit die Arbeit schneller vonstatten ginge. Erschöpft und schweißtriefend stolperte der Bauer Hois durch die Furchen des Ackers, immer die bellende, schreckliche Meute auf den Fersen.

Da stieß er zufällig einen Erdklumpen beiseite, und ein winzig kleiner Wicht sprang hervor, hüpfte federleicht auf seine Hand und legte zum Zeichen des Schweigens den Finger an den Mund. Im nächsten Augenblick war der Kleine in der Rocktasche des Bauern verschwunden.

Am Abend kletterte der Erdgeist in der Stube des Hois auf den Tisch, ließ alle Nachbarn und Feldarbeiter zusammenrufen und sprach zu ihnen:

„Ich will euch helfen und euch von euren Qualen befreien. Die Schandtaten des Königs haben ihr volles Maß erreicht, jetzt geht es mit ihm zu Ende. Sammelt morgen früh, bevor die Arbeit beginnt, Steine in eure Taschen, und wenn Watzmann mit seinen Hunden kommt, so steinigt ihn. Wir Erdgeister werden euch helfen."

Und so geschah es. Der Tag war noch kaum angebrochen, da kam der düstere König schon auf seinem Rappen angesprengt, die kläffende Meute folgte ihm. „Hussa!" rief Watzmann und hetzte die Hunde auf seine Untertanen.

Da griffen die drohend beisammenstehenden Bauern in ihre Rocktaschen und schleuderten die Steine, einen nach dem andern, auf den Tyrannen. Der blieb wie angewurzelt stehen, denn die kleinen Kiesel vergrößerten sich im Fluge zu ungeheuren Felsbrocken, die sich, von den Erdgeistern gelenkt, über den König türmten.

Von den Bergen kamen die Steine geflogen, auf dem Boden begannen sie zu hüpfen, überall waren die Geister am Werk, und von allen Seiten häuften sich die Felsblöcke über den grausamen Herrscher und über sein Weib und seine Kinder, die ihm zur Hilfe herbeigeeilt waren.

Heute ragt der majestätische Bergriese mit den neun Zacken — Watzmann, Frau und sieben Kinder — von den Ufern des Königssees steil in den Himmel. Wenn der Wind durch die Felsenspalten pfeift, glauben die Leute, das seien des Königs Hunde, die in dem Berg eingeschlossen sind und heulen.

Die Bauern aber zogen fort aus dieser Gegend. Sie hatten so viel erdulden müssen, daß ihnen die schöne Landschaft verleidet war. Im Nachbarland fanden sie eine neue, bessere Heimat.

Das Wolfsbacher Geigerlein

Dem kleinen, mageren Schneider von Wolfsbach machte es wenig Freude, Bauernkittel aus derbem Stoff zu nähen. Er wäre viel lieber Musikant geworden, und wenn sich eine Gelegenheit bot, verließ er seine enge Werkstatt, nahm die Geige unter den Arm und spielte und fiedelte, wo man ihn gerne hörte, daß es eine Freude war. Zu allen Festen und Hochzeiten seines Dorfes wurde er eingeladen, denn die Leute schätzten ihn als guten Musikanten.

Wieder einmal hatte man in der Nähe von Wolfsbach Kirchweih gefeiert, und unser Schneider war natürlich auch dabei gewesen. Da war es hoch hergegangen, und munter und beschwingt wanderte er in tiefer Nacht heimzu. Der kleine Mann hatte dem Wein eifrig zugesprochen, und sein Geist war ein wenig umnebelt. In diesem seligen Dämmerzustand achtete er kaum des Weges. Der Mond schien hell, die Sterne blinkten am nächtlichen Himmel, da kam der späte Wanderer in einen tiefen Wald.

Spärlich tropfte das Mondlicht durch die dichten Zweige der Nadelbäume, beleuchtete hier einen riesigen, flechtenbewachsenen Stamm, dort ein Fleckchen Moos und Heidelbeerkraut, aber außerhalb dieser kleinen Lichtstreifen herrschte tiefe Finsternis, und es war gar nicht verwunderlich, daß der Schneider vom Wege abkam und dabei in eine Grube fiel, die der Jäger Jobst zum Wolfsfang gegraben hatte.

Was war das für ein Schreck für den Geiger, als er so ohne weiteres von der ebenen Erde in die Tiefe hinabplumpste! Doch das war noch gar nicht das Schlimmste. Sein Herz setzte vor Entsetzen aus, als er unten auf etwas Weiches, Lebendiges aufprallte, das wild in die Höhe sprang. Es war ein Wolf, der ihn mit glühenden Augen anstarrte.

Der Mann hatte nichts bei sich als seine Geige. Wehrlos war er der hungrigen Bestie ausgeliefert. In dieser äußersten Not und Gefahr setzte er seine Fiedel an und begann vor dem gierig aufgerissenen Wolfsrachen alle seine Stücklein aufzuspielen, die ihm diesmal so gar nicht lustig vorkamen. Dem Wolf mußte aber diese Musik besonders rührend vorkommen, denn er fing an, überlaut zu heulen, wie es oft auch die Hunde tun, wenn sie Musik oder Gesang hören. Die anderen Wölfe im Walde, die ihren Kameraden in der Grube so singen hörten, stimmten sogleich mit ein, und ihr Geheul kam manchmal so nahe, daß das Geigerlein, an dem nicht einmal ein einziger Wolf satt geworden wäre, jeden Augenblick fürchten mußte, es könnten noch mehr Gäste zu seinem bißchen Fleisch in die Grube hereinkommen.

Immer wieder schaute der arme Musikant in die Höhe, ob es nicht bald Tag werden wolle, denn das Geigen war ihm sein Lebtag nicht so schwer und sauer geworden wie hier in der Wolfsfalle.

Ehe aber der Morgen graute, waren schon zwei Saiten an seiner Geige gerissen, und als es Tag wurde, riß die dritte. Der Geiger spielte also nur mehr auf der vierten und letzten Saite. Hätte auch diese versagt, so wäre er von dem Wolf, den das viele Heulen die ganze Nacht hindurch sehr hungrig gemacht hatte, aufgefressen worden.

Da kam zum Glück der alte Jäger Jobst. Er hatte den Wolf schon von weitem singen, den Geiger aber erst in der Nähe spielen gehört. Er erlegte schnell das böse knurrende Raubtier und zog so den Musikus gerade noch zur rechten Zeit aus der Grube.

Der Schneider aber nahm sich vor, künftig lieber bei Tag nach Hause zu gehen. Das Aufspielen zum Tanz war ihm verleidet. Er widmete sich wieder seinem Handwerk und zog die Nadel fleißig durch die Röcke und Hemden seiner Kunden. Wenn er aber doch einmal geigte, so war es in der Kirche, denn von dort führte ihn ein gerader und kürzerer Weg heim als von jedem Wirtshaus.

Heinrich von Kempten - der Hirte vom Arlberg

Der Meier von Kempten war ein fleißiger und ehrlicher Mann, auf den der Abt große Stücke hielt. Neun fröhliche Kinder spielten schon in den geräumigen Höfen vor den Wirtschaftsgebäuden des Klosters, da wurde eines Nachts noch ein Knabe vor die Tür des Meierhauses gelegt.

Die Frau murrte und schimpfte zwar, denn die Arbeitslast war bei der großen Kinderzahl schon schwer genug, doch der Mann erbarmte sich des armen Kleinen. Er nahm ihn auf und nannte ihn Heinrich Findelkind.

Eine Zeitlang lebte die Familie zufrieden und glücklich, aber eines Tages bürgte der Meier für einen guten Freund, und dieser ließ ihn im Stich. Auf diese Weise kamen die redlichen Leute unverschuldet in große Not und wußten bald nicht mehr, womit sie die vielen hungrigen Mäuler stopfen sollten.

Der immer freundliche Mann wurde verbittert und böse, er schlug seine Kinder und trieb eines nach dem anderen aus dem Elternhaus. Am schlimmsten erging es dem Findelkind, und obwohl Heinrich noch klein und zart war, lief er doch lieber in die weite, unbekannte Welt hinaus, als daß er sich von seinem Pflegevater hätte totschlagen lassen.

Zwei Priester, die auf dem Wege nach Rom waren, fanden den Knaben weinend am Rande der Landstraße und labten ihn, dann nahmen sie Heinrich mit sich und wanderten über den Arlberg.

Als sie an der Burg des Ritters Jackl über Rhein vorbeikamen, baten sie den rauhen, aber frommen Mann um ein Almosen. Er gab ihnen reichlich und fragte: „Wohin wollt ihr denn mit dem Knaben?“, und die beiden Priester antworteten: „Wir haben das weinende, hungrige Kind vom Straßengraben aufgelesen und mitgenommen; jetzt wollen wir mit ihm nach Rom pilgern.“ „Laßt den Buben bei mir“, meinte der Ritter, „euch ist er eine Last, und mir kann er die Schweine hüten.“

Die Priester waren einverstanden, und so wurde Heinrich Findelkind Schweinehirt bei Jackl über Rhein und erhielt zwei Gulden Lohn im Jahr. Beim sonntäglichen Kirchgang durfte er seinem Herrn das Schwert nachtragen.

Es führte damals nur ein schmaler Saumpfad über den Arlberg. Die Winter waren lang und streng, Lawinen donnerten zu Tal und begruben die Wanderer, und gar mancher Pilger wurde durch Erschöpfung in Schnee und Eiseskälte vom Tode ereilt.

So kam es, daß Heinrich jedes Jahr zur Winterszeit auf dem weiten, beschwerlichen Weg zur Kirche einen schrecklichen Anblick ertragen mußte. Es begegneten ihm nämlich immer wieder Männer, welche auf Bahren die Leichen verunglückter oder erfrorener Wanderer vorbeitrugen, die von den Raubvögeln und wilden Tieren gräßlich zugerichtet waren. Der mitleidige Knabe weinte bitterlich und nahm sich vor, diesem Elend ein Ende zu machen.

Zehn Jahre hatte Heinrich dem Ritter Jackl über Rhein treu gedient und von seinem mageren Lohn fünfzehn Gulden erspart.

Eines Sonntags nach der Messe trat er vor die Kirchentür und rief den umherstehenden Herren und den Bauern zu: „Ihr lieben Leut', hier hab' ich fünfzehn Gulden, und ich bitt' in Gottes Namen, daß einer von euch das Geld nehme und den Anfang mache mit einer Herberg' auf dem Arlberg, damit die armen Pilger nicht also verderben."

Doch die Leute lachten den dummen Bettelbuben aus, und keiner wollte seine wohlverdienten Gulden für eine so wenig einträgliche Sache opfern.

Da betete Heinrich zu Gott um Hilfe, auch den heiligen Christophorus, den Beschützer der Wanderer, rief er an. Im ersten Winter konnte er mit seinen Ersparnissen sieben Menschen das Leben retten. Seinem unermüdlichen Eifer und seiner Opferbereitschaft gelang es in ein paar Jahren, das Werk seiner Nächstenliebe zu vergrößern. Er gründete eine eigene Bruderschaft, „St. Christophorus auf dem Arlberg", und zog für diese treuen Helfer bettelnd von Land zu Land. Durch Deutschland, Böhmen und Kroatien kam er und bat in seiner einfältigen und herzbewegenden Art:

„Liebe Kinder, ihr sollt mir Almosen geben auf den Arlberg zu Weg und Steg und zu einer Herberge, darin man aufnimmt arm und reich und aus der ich mit meinen Knechten, jeglicher mit vier Schneereifen, alle Abende ausziehe und rufe, und wen wir im Schnee finden, den tragen wir in die Herberge und geben ihm Almosen."

Von den Kirchenfürsten, aber auch von Herren, Rittern und Grafen erhielt er reiche Spenden. Im Dezember 1386 versprach Herzog Leopold der Stolze von Österreich, dem armen Knecht Heinrich von Kempten ein Haus auf dem Arlberg zu bauen, damit er in dieser Wildnis wohnen und die armen Pilger und Kaufleute vor Gefahr und Tod bewahren könne. Er befahl allen seinen Hauptleuten und Richtern, den Hirten Heinrich zu schirmen und zu schützen.

Leopold selbst und noch drei fürstliche Paare habsburgischen Stammes schlossen sich der Bruderschaft mit der Zusicherung eines jährlichen Beitrages an. In ein Bruderbuch aus Pergament, das noch heute in Wien zu sehen ist, wurden ihre prächtigen Wappen gemalt, und bis zum Jahre 1414 kamen noch viele Familienwappen der edelsten Geschlechter Deutschlands dazu.

Am Tage Johannes des Täufers wurde das große Werk begonnen, das sich durch Jahrhunderte als segensreich erwiesen und viel tausend Wanderern das Leben erhalten hatte.

Das Pestmännlein

Das Stift Rottenbuch im Pfaffenwinkel hatte vor langer Zeit noch seine eigene Gerichtsbarkeit und verfügte über große Ländereien. Unter den Richtern, die dort ihr verantwortungsvolles Amt ausüben sollten, war aber auch einer, der lieber mit dem Stock dreinschlug, als auf das Zünglein an der Waage Frau Justitias zu achten. Er mißbrauchte so seine Macht, daß alle Lehensleute des Klosters vor ihm zitterten.

Nach einem großen Festbankett zu Ehren des Prälaten lag dieser Richter einst wie ein übervolles Faß in seinem Bett und schnaubte und schnappte nach Luft. Er hatte seinen Magen mit den üppigen Speisen und den alten Klosterweinen überladen und merkte in seinem Taumel nicht, daß ein Mann vor ihm stand, der ihn schon lange beobachtete und dabei boshaft lachte. Ein schmutziger Bauer mit nußbrauner Haut und kurzgeschorenen Haaren, die ihm wie die Stacheln eines Igels aus dem Kopf wuchsen, stand in seiner Kammer. Sein knochiger Leib war von einigen Lumpen dürftig umhüllt. Die Leute nannten den wilden Gesellen den „Filzdraken", weil er, einsam wie ein Drache, am Rande des Moores oder Filzes wohnte. Dort hatte er sich eine Lehmhütte gebaut, darin er mit Weib und Kind in Not und Elend hauste.

Der Drake räusperte sich nun ein paarmal, um den gestrengen Richter auf sich aufmerksam zu machen. Als dieser den Bauern vor sich stehen sah, erschrak er sichtlich. Er hatte dem Mann, einem Zinspflichtigen des Stiftes, kürzlich unter einem fadenscheinigen Vorwand die einzige Kuh aus dem Stall getrieben. Mühsam stemmte er sich auf den Ellenbogen und fuhr den Filzdraken grob an:

„Was hast du da bei mir in der Stube zu suchen? Wie kannst du dich wie ein gemeiner Dieb hier einschleichen und mich böswillig erschrecken? Ich werde dir gleich fünfundzwanzig Rutenstreiche geben lassen, wenn du nicht sofort verschwindest!"

Der Filzdrake ließ sich aber durch des Gestrengen Zorn nicht aus der Ruhe bringen. Er stellte sich ruhig vor ihn hin und hielt ihm, ohne ein Wort zu sagen, einen alten, verbeulten Bauernhut mit einer Feuerzange unter die Nase.

„Was soll diese Narretei?" knurrte der Vogt böse. „Weshalb bringst du den Hut in der Zange? Was treibst du für einen Spott mit mir?" Dabei entriß er dem Bauern den Hut, zerdrückte ihn mit beiden Händen und warf ihn auf den Boden. Der Filzdrake aber sah ihn eigentümlich an und begann dann umständlich eine sonderbare Geschichte zu erzählen:

„Ich wollt' Euer Gestrengen nur berichten, was es mit dem Hute für eine Bewandtnis hat. Mein Bub, der Jürgenatz, hütet die letzten zwei Geißen, die Euer Gnaden mir noch gelassen haben. Die hat er heute früh in den Wald, gegen Wildsteig hin, getrieben. Dann hat er sich in das Moos gesetzt und geweint,

weil er so hungrig war. Der dumme Bub glaubt, man müsse immer essen, wenn man hungrig ist. Er weiß nicht, daß Euer Gestrengen es nicht gerne haben, wenn die Bauern satt werden. Wie er so heult, kommt auf einmal ein wunderliches Männchen aus dem Wald gelaufen. Es war fast nackt, hat einen Laubgürtel um die Lenden und ein Hütlein auf dem Kopf gehabt. Bevor noch mein Bub vor Angst und Schrecken hat davonlaufen können, erwischt es ihn am Kittel und hält ihn fest. Der kleine Mann war käsebleich und gelb, sein Haar zottig und verfilzt, und die Augen leuchteten gläsern. Er hat ein unverständliches, weinerliches Kauderwelsch gesprochen. Meinem Jürgenatz war totenübel. Mit Gewalt hat er sich losgerissen und ist heimwärts gerannt. Das Männlein aber ist ihm nachgesprungen und hat immer geschrien: ‚Wehe und aber wehe!'

Wie der Bub so atemlos dahergelaufen kommt und mir die Geschichte erzählt, stürze ich gleich hinaus, um das Männlein zu sehen. Es war aber verschwunden, nur sein Hut ist am Boden gelegen. Da ist mir plötzlich eine Begebenheit eingefallen, die ich einmal gehört hab'.

Als das große Sterben gewütet hat im Land, da ist auch ein nacktes Weiblein zu einem Hirtenmädchen auf das Feld gekommen und hat ihm ein Paar Strümpfe geschenkt. Die Dirn ist an der Pest gestorben und mit ihr viel tausend Menschen, die im wilden Freithof liegen oder bei St. Ruperts verfallenem Münster. Da bin ich in Sorge zu Euer Gnaden gelaufen und hab' erzählen wollen, was geschehen ist und daß ich fest glaub', dieses merkwürdige nackte Männchen gehört zu dem Weiblein, das der Dirn nachgelaufen ist. Mit dem Hut hat es uns die Pest gebracht, und darum hab' ich ihn auch mit der alten Feuerzange angefaßt, weil ich wohl weiß, daß diese Krankheit erblich ist, wenn man auch nur mit der Fingerspitze ein verpestet Ding berührt."

Kaum hatte der Filzdrake dieses Wort gesprochen, als der Vogt plötzlich erbleichte und in die Kissen zurücksank. Er hatte ja den Hut des Männleins mit beiden Händen angefaßt und wußte, daß das, was der Bauer von dem Pestweiblein erzählt hatte, der Wahrheit entsprach. Die Geschichte war in einer Chronik des Stiftes zu lesen. Mit einem Male fühlte er sich elend und sterbenskrank. Als der Filzdrake bemerkte, wie übel dem gestrengen Herrn zumute war, lachte er schadenfroh. Der Richter aber griff nach seiner silbernen Schelle, die auf dem Tisch neben ihm lag, und wollte den Fronknecht rufen, damit er den Boten des Todes fasse und in den Kerker werfe. Der Bauer aber merkte seine Absicht und schlug ihm mit der Feuerzange die Schelle aus der Hand, dann setzte er seine Lederkappe auf und wandte sich zum Gehen. In der Tür drehte er sich noch einmal um: „Ich wünsch' Euch wohl zu sterben, gestrenger Herr!"

Dem Vogt aber ward immer erbärmlicher zumute. Er stand nicht mehr auf und starb unter unsäglichen Qualen gerade um Mitternacht. Er konnte nicht mehr sprechen, nicht beichten und nicht beten. In seinen Sünden fuhr er hin, Haß und Wut in seinem gedunsenen Gesicht. Sein Tod erregte großes Aufsehen, und die Menschen zitterten vor Angst, daß die Pest wieder ausbreche. Man begrub deshalb den bösen Pfleger von Rottenbuch in dem wilden Freithof ohne Segen und Weihwasser, ohne Licht und Gebet. Der Schinder mußte ihn verscharren. Daraufhin erzählte man überall von dem Pestmännlein. Einige hatten es gesehen, als sie durch den Wald gingen. Es schreckte die Hirten auf dem Feld und lief ihnen wild schreiend nach. Bald war es da, bald dort. Einem Bauern war es auf dem Peißenberg nachgerannt, ein anderer traf es im Tastwald am Lech.

In ihrer Todesangst gingen die Menschen in sich, die Herren wurden barmherziger gegen ihre Knechte, und alle beteten inbrünstig zu Gott, daß er die große Not von ihnen abwenden möge. Es starb auch niemand mehr, allein den gewalttätigen Vogt hatte die gerechte Strafe ereilt.

Viele Leute glaubten auch, daß seine Seele keinen Frieden finden könne und daß er mit dem geizigen Schaffer, der den Armen zuwenig Brot gegeben hatte, unten in den steinernen Stuben am Strausberg in der Amperleite geistere. Das Pestmännlein aber war verschwunden, und kein Mensch hat es seither wieder gesehen.

Ehrguta

An einem kalten Wintermorgen pochte es an das Stadttor von Bregenz. Als die Wächter öffneten, stand draußen in Schnee und Eiseskälte ein altes Weiblein, das ein Pferd am Zügel führte. Sie war von Appenzell hergeritten, die lange Nacht hindurch, und wollte sogleich die Stadtväter sprechen.

Fragend sahen sich die Wächter an: „Was konnte denn dieses zerlumpte, armselige Bettelweib so Wichtiges zu melden haben?" Aber da sie hartnäckig auf ihrer Bitte bestand, wurde sie von einem Knecht in das Rathaus geführt, wo die hohen Herren schon voll Sorge zusammensaßen und berieten, denn ihre Heimat war in großer Gefahr.

Man schrieb das Jahr 1408, und die Appenzeller rüsteten zum Krieg gegen Österreich und seine Verbündeten. Die feste Stadt Bregenz, die den Grafen von Montfort Schutz bot, war das wichtigste Bollwerk gegen die Schweiz.

Das Weiblein wurde also vor die Ratsherren gebracht, und unter ihren erstaunten Blicken rief sie in den Saal: „Am 13. Jänner, dem St.-Hilarius-Tag, drohen der Stadt Untergang und Tod!"

Einen Augenblick lang herrschte atemlose Stille, ungläubig und verwundert, aber auch zornig und aufgebracht blickten die Herren auf die arme Alte. Einige der Männer wollten die freche Landstreicherin gleich einsperren lassen, andere hielten sie für verrückt, aber die Besonnenen forderten das Weiblein auf, ihre Geschichte ausführlich und von Anfang an zu erzählen.

Also begann sie: „Ich heiße Ehrguta, und schon seit langem habe ich keine Heimstatt mehr und keinen Menschen, der zu mir gehört. Ich ziehe von Ort zu Ort und verdiene mir mein Essen, eine Schlafstelle und was ich sonst noch brauche mit Spinnen. Manchmal schenken mir auch gutmütige Leute eine Kleinigkeit. Wenn ich einmal sterbe, wird mir niemand nachweinen, und bald werde ich vergessen sein.

Gestern abend kam ich müde zu der Wirtin von Mosterried bei Appenzell. Sie ist eine gute Frau, gleich gab sie mir zu essen und richtete mir eine Lagerstatt hinter dem großen Ofen in der Gaststube.

Ich schlief auch bald ein, aber in der Nacht wurde ich durch laute Stimmen geweckt. Männer waren gekommen. Ich hörte, wie sie den Schnee im Hausflur abklopften, und dann polterten sie mit ihren schweren Stiefeln in die Stube.

Das war ein Stühlerücken und Füßescharren! Ich erkannte den Wirt und andere Männer, alle waren sie bewaffnet, und dann beratschlagten sie und beschlossen, Bregenz, das Tyrannennest, wie sie es nannten, am St.-Hilarius-Tage mit einem Heer und mit Wurfmaschinen zu belagern und dem Erdboden gleichzumachen.

Mir war nicht mehr wohl hinter dem Ofen, und richtig, als der Wirt aufstand

und mich entdeckte, schrie er vor Zorn, und die anderen wollten mich gleich umbringen. Ich stellte mich aber schlaftrunken und tat, als ob ich eben erst aufgewacht sei und nichts gehört hätte.

Das glaubten sie mir schließlich, warfen mich aber aus der Stube und hießen mich in den Stall gehen. Das tat ich, legte mich auf das Stroh und hatte so meine eigenen Gedanken, denn im Stall stand ein schönes, gesatteltes Pferd.

Als im Haus alles dunkel und ruhig war, führte ich den Gaul auf die Straße, zog mich mühsam hinauf, und obwohl ich noch nie in meinem Leben auf einem Pferd saß, ritt ich die ganze Nacht durch Schnee und Finsternis über verwehte, eisige Straßen nach Bregenz. Und da bin ich nun."

Die Herren sahen einander an. Sie waren beruhigt und um vieles milder gestimmt. Ehrguta wurde ein Zimmer angewiesen, das sie vorläufig nicht verlassen durfte, aber es fehlte ihr an nichts. Sie hatte es warm, und sie bekam eine gute Verpflegung.

Inzwischen herrschte in der ganzen Stadt fiebrige Tätigkeit, jeder Bürger half mit, Bregenz in eine uneinnehmbare Festung zu verwandeln. Boten ritten hin und her, von allen Seiten zogen die Verbündeten mit ihren Söldnerheeren in die Bodenseestadt ein; für Monate wurde Nahrung herbeigeschafft.

Der Morgen des St.-Hilarius-Tages brach an. Dichter Nebel verhüllte die Stadt. Die Appenzeller waren im Schutze der Dunkelheit mit einem großen Heer bis knapp vor Bregenz marschiert. Da brach das Unheil über sie herein.

Die Bregenzer überrumpelten die völlig überraschten Schweizer, und es begann ein langer, blutiger Kampf. Die Bürger der Stadt und die verbündeten Schwaben vermochten die Angreifer zu überwältigen und über den Rhein zurückzudrängen.

Bregenz konnte aufatmen, und Ehrguta wurde nicht vergessen. Nur durch ihre Warnung war es möglich gewesen, den Feind abzuwehren und zu besiegen.

Die Alte bekam ein Heim und alles, was sie verlangte, bis an ihr Lebensende. Damit auch die Nachwelt dankbar der Retterin gedenke, erscholl jede Nacht um die neunte Stunde laut der Ruf „Ehrguta!" durch die Gassen von Bregenz.

Dieser Brauch hielt sich, so lange es Nachtwächter gab, mit ihnen aber verschwand auch der Ruf und das Gedenken an eine treue und brave Frau.

Das Nachtvolk

In den Alpengegenden erzählt man sich oft gruselige Geschichten über die Wilde Jagd, die mit Geschrei und ohrenbetäubendem Lärm durch die Lüfte braust. Die Jäger reiten dabei auf Wildschweinen und Pferdegerippen, auf Wölfen und Katzen, und jeder Christenmensch muß sich bei ihrem Herannahen mit gekreuzten Armen zur Erde werfen, damit er nicht an Leib und Leben Schaden erleide.

In Vorarlberg nennt man eine etwas freundlichere Abart dieser höllischen Gesellschaft das „Nachtvolk". Der Geisterzug fährt meist unter herrlichem Saitenspiel und Flötenklang in stürmischen Nächten durch die Luft und von den hohen Bergen herab in das Tal. Lange kann man allerdings nicht hinschauen, so abschreckend häßlich sind diese Gespenster. Einige haben überhaupt keinen Kopf, andere tragen ihn unter dem Arm, und manche von ihnen haben sich auch ein Bein über die Schulter gelegt. Trotz ihres wüsten Aussehens sind sie nicht so gefährlich und bösartig wie die Wilden Jäger, welche sogar die kleinen Moosweiblein vierteilen und verspeisen. Das Nachtvolk trinkt und tanzt gerne, und wenn man es in Frieden läßt, tut es einem nichts zuleide.

Ein Jäger aus Raggal hatte einen anstrengenden Pirschgang hinter sich. Die Nacht brach früh herein, und der Mann war schon sehr müde. Er legte sich also auf einer Alm seines Reviers einfach unter ein dürres, struppiges Tannenbäumchen und schlief ein. Um Mitternacht fuhr er plötzlich aus seinen Träumen empor. Zwischen jagenden Wolken sah er Mond und Sterne blinken, ein Rauschen und Brausen erfüllte die Luft, und in weiter Ferne gewahrte er den gespenstigen Zug des Nachtvolkes herankommen.

Der Jäger war ein unerschrockener Mann, aber er dachte bei sich: „Es wird wohl am besten sein, wenn ich dieser Gesellschaft meinen Platz überlasse." Er verließ also sein Nachtlager und setzte sich ein wenig abseits in die Latschen. Von dort konnte er alles beobachten, ohne selbst gesehen zu werden.

Die schrecklichen Gestalten glitten daraufhin näher und immer näher und stellten sich in einem Kreis unter der Tanne auf; da fing das dürre Bäumchen an, heftig seinen Wipfel und seine Äste zu schütteln, und auf einmal erklang eine gar liebliche Musik. Der eine Ast spielte die Flöte, der andere die Klarinette, und ein Zweiglein blies gar die kleine Pfeife. Das Nachtvolk fing an zu hüpfen und zu springen, die Kulleraugen der Gespenster leuchteten vor Vergnügen, und die weißen, grauen und roten Bärte wehten im Nachtwind, während die schrecklichen Gestalten einen wilden Reigen um das Bäumchen herumtanzten, daß der Staub nur so aufwirbelte.

Dem Jäger gefiel das sehr, und er schaute mit Vergnügen dem närrischen Tanze zu, wie sich die Geister nach der Musik des Tannenbäumchens rhythmisch hin und her wiegten. Da hörte er auf einmal den Berg herauf ein lautes Miauen näherkommen, und als er sich vorsichtig ein wenig vornüberbeugte, um zu sehen, woher der Lärm käme, gewahrte er eine Menge Katzen, die sich mit gräßlichem Geschrei den Abhang heraufmühten. Eine jede von ihnen zog dabei an ihrem Schwanz ein Fäßchen voll Wein nach.

Als sie mit ihrer Fuhre bei dem kleinen Tannenbäumchen angelangt waren, nahm der Tanz sogleich ein Ende, und es wurde eifrig angezapft und eingeschenkt. Die nächtliche Gesellschaft trank aus den Hufen von Kühen, und obwohl es appetitlichere Trinkgefäße gibt, schien es ihnen herrlich zu munden. Sie prosteten einander zu und zechten fröhlich, bis das letzte Tröpfchen Wein durch ihre Kehlen geflossen war.

Beim Morgengrauen liefen die Katzen mit den geleerten Fäßchen schnell den Berg hinab und verschwanden im dichten Wald. Das Nachtvolk aber hob sich rauschend in die Lüfte und war bald den Augen des Jägers entschwunden. Strahlend stieg die Sonne über die Gipfel der Berge, und von dem nächtlichen Spuk war nur ein wenig zertretenes Gras rund um das Tannenbäumchen geblieben.

Der Klushund

Eines späten Abends saß der Hirschenwirt von Rankweil allein in seiner Wirtsstube. Seine Gäste, lauter biedere Landleute, die sich bei einem Viertele Wein die Neuigkeiten des Tages erzählt hatten, waren schon heimgegangen. Er blätterte noch ein wenig in alten Kalendern, da hörte er im Vorhaus das hastige Gepolter schwerer Stiefel. Gleich darauf wurde die Tür aufgerissen, und bleich und atemlos stürzte der Bauer Melchi in die Stube. Der Wirt stand verwundert auf, ging dem Melchi, dem der Schweiß auf der Stirn stand, entgegen, nahm ihn bei der Hand und schob ihn hinter den Tisch auf die Ofenbank. Dann ging er bedächtig zur Schank und ließ Wein in die Gläser laufen.

„So", sagte er, indem er sich seinem späten Gast gegenübersetzte, „ist dir nicht gut, Melchi?" „Wohl", meinte der Bauer, „mir fehlt nichts, aber ob du mir's glaubst oder nicht, Wirt, mir ist ein Geist begegnet. Der Schoppen wird mir jetzt gut tun."

Nachdem er ein paar Züge getan hatte, erzählte er: „Weil gar so ein schöner Abend war, hab' ich mir gedacht, gehst noch hinunter auf die Wiese und mähst. Der Mond hat so hell geschienen — ich nehm' die Sense über die Schulter und steck' die Pfeife in den Mund und mach' mich schön gemütlich auf den Weg. Lang hab' ich noch nicht gemäht, da schlägt es von der Turmuhr her halb zehn, und ich steh' still und will die Sense wetzen, da — Herr Jesus Christus! — tappt ein Hund zu mir her, so groß wie ein jähriges Kalb, mit schwarzen, zottigen Haaren und Augen so groß wie Feuerräder. Er scharrt und kratzt mit den riesigen Pfoten am Boden und winselt und heult so jämmerlich wie ein Mensch. Das ist ein Geist! fährt's mir durch den Kopf. Ich werf' die Sense weg und lauf', was ich laufen kann, dem Dorf zu, da seh' ich bei euch noch Licht brennen und denk': Kehrst ein beim Hirschenwirt, trinkst einen Schoppen oder zwei, dann wird dir besser. Es ist noch gut ausgegangen — der Hund ist mir nicht nachgelaufen."

Der Wirt nickte nachdenklich, stellte noch einmal Wein auf den Tisch, diesmal vom guten Veltliner: „Gott segn's dir!", und dann, zu Melchi gewandt, sagte er: „Kennst du die Geschichte vom Klushund? Nicht? Dann hör zu:

Es ist schon lange her, daß sich die Leute in deutschen Landen dreißig Jahre lang wegen der Religion gegenseitig die Köpfe einschlugen. Ein Fremder, der König von Schweden mit seinem großen Heer, mischte sich dann auch noch ein. Armes Land, wie sah es da aus! Der Boden schwarz verbrannt, die Saaten zertreten, Städte, Weiler und Dörfer geplündert, es gab kaum mehr etwas zu beißen. Und der Schwede rückte unaufhaltsam weiter vor durch den Allgäu, dem Bodensee zu. Durch Kempten kam er und weiter gegen Lindau und Bregenz.

In der Stadt erhielten die Bürger gerade noch rechtzeitig Nachricht. Schnell rüsteten und bewaffneten sie sich. Der Hauptmann von Bregenz hielt seinen

Männern eine Ansprache, in der er sagte, daß jeder einzelne von ihnen für die Ehre seines Hauses kämpfe und daß sie in Gottes Namen dem Schweden zu Leibe rücken müßten.

Die Bregenzer Klause war damals gut verschanzt, und dort bezogen sie Stellung. Die Schweden rückten heran, stürmten auf die Mauern und Schanzen zu — aber die Unseren blieben die Antwort nicht schuldig. Steine hagelten auf die Feinde nieder. Die Leichen häuften sich und bedeckten den Engpaß. Die Dämmerung brach schnell herein, und die Reste der schwer geschlagenen Schweden zogen sich zurück. Es soll eine wilde Nacht gewesen sein damals. Kein Stern funkelte, und Wolkenfetzen jagten windgepeitscht über den Himmel. Da soll über die Bregenzer Stadt wie eine Sternschnuppe ein feuriger Engel mit blutigem Schwert gefahren sein — ein schlimmes Zeichen!

Mittlerweile hielten sie Rat im feindlichen Lager, und der General Wrangel schlug den Rückzug vor. Nach der Niederlage des letzten Tages wagte er es nicht mehr, die Stadt Bregenz anzugreifen. Da kam ein Mann von Lochau leise zu ihm in das Zelt geschlichen, in dem er mit einigen Offizieren, über eine Karte gebeugt, saß: ‚Guten Abend, ihr tapferen schwedischen Herren. Habt die Gunst und laßt mit euch reden. Ihr habt einen grausigen Tag gehabt heute, habt mit eurem Blut das deutsche Land getränkt. Doch die ärgste Arbeit habt ihr noch vor euch, stark sind die Mauern um die Klause und gut gerüstet die Bregenzer Bürger. Aber vielleicht kann ich euch mit Rat und Tat an die Hand gehen. Wenn ihr mir beim Eid zweihundert Costnitzer Schillinge versprecht — für euch ist das nicht viel —, so führ' ich euch noch heut' nacht um die Klause und auf einsamen Wegen über den Pfänder bis vor die Stadt Bregenz — da ist meine Hand!' Der Schwede schlug ein, und der Handel war geschlossen.

Es war um die Zeit der Morgendämmerung, ganz Bregenz lag in tiefem Schlaf, da lärmte es auf einmal durch die Gassen: ‚Mordio! Der Schwede ist da!' Plündernd und brennend verheerte er die Stadt. Wie prasselte das Feuer auf den Dächern, wie schrien die Mütter um ihre Kinder, wie kämpften die Bürger um ihr Hab und Gut! Bauern und Soldaten warfen sich in den stürmischen See, um sich auf die Schiffe zu retten, und Hunderte kamen in den Wellen um. Nie wieder gab es so viel Leid und Unglück in Bregenz wie damals.

Wo aber war der Lochauer? Er schlich zu dem schwedischen Heerführer: ‚Hört, General, wie steht es mit meinem versprochenen Lohn?' Doch Wrangel gab ihm kurz Bescheid: ‚Er soll dir nicht fehlen. Scher dich zum Teufel, du Lump, und such ihn dir selber mit Spaten und Schaufel auf dem Schloß. Die alten Grafen von Bregenz haben vor Zeiten ein Kegelspiel dort vergraben, die Kegel aus purem Gold, die Kugeln getrieben aus Silber. Das ist dein Lohn. Das ist gut gezahlt — du darfst dich nicht beklagen.'

Der Kerl lief daraufhin Nächte hindurch, mit Schaufel, Krampen und Laterne ausgerüstet, zum Schloß hinauf, zu dem sumpfigen Weiher, wo die Frösche und Molche hausten. Dort grub er und schwitzte, schaufelte und ächzte beim Mondlicht, aber Gold kam keines zutage. Es war wohl zu tief im Boden versteckt. Was er zur Nachtzeit mühsam ausgegraben, das fiel beim Morgengrauen wieder zusammen — alle Mühe war vergebens.

Kurze Zeit wurde der Schurke noch in der Gegend gesehen, da ihm aber niemand Unterschlupf gewährte, war er eines Tages verschwunden. Seither geistert der Klushund* im Unterland und zur Zeit auf den Prediser Wiesen herum. Hast ihn ja selbst heute am Abend gehört und gesehen. Das war er, der Verräter, und niemand kann ihn erlösen bis zum Jüngsten Tag.

Aber der Wein hat dich gestärkt, und du hast wieder Farbe bekommen. Schlaf jetzt gut, und vergiß morgen früh deine Sense nicht, Melchi!" Beruhigt ging der Bauer nach Hause. Am nächsten Tag erzählte er jedem, der es hören wollte, sein nächtliches Erlebnis mit dem Klushund.

Die Schweden haben diese Burg, die den Grafen von Montfort-Bregenz gehörte, gebrochen. Das Schloß Hohenbregenz, das, fast unbezwinglich und von dunklen Tannenwäldern umgeben, über der Stadt aufragte, ist heute dem Erdboden gleich.

* Klushund = Klausenhund.

Die Windsbraut

An einem drückend schwülen Sommertag arbeitete eine Bauernfamilie samt den Knechten und Mägden in der Nähe der Alpe Zamang, die im ganzen Montafon als Hexentanzplatz verrufen war. Man erzählte sich, daß sich die Hexen aus dem Elsaß auf dem schwarzen, dichten Moos dieser unheimlichen Stätte besonders gern zu Gelage und Tanz versammelten. Doch die Landleute bekümmerte das nicht. Sie mühten sich ab, das Heu von den steil abfallenden Almwiesen noch vor dem drohenden Gewitter in die Scheune zu schaffen.

Da erhob sich ganz unerwartet ein heftiger Wind. Vor den Augen der Knechte und Mägde fuhr er wie im Übermut in einen Haufen Heu und wirbelte diesen hoch in die Luft. Erstaunt sahen die Bauern diesem Schauspiel zu, und es schien ihnen, als verberge sich in der Mitte dieser Wolke aus Heu ein dunkler, nicht erkennbarer Körper, eine Erscheinung, die sie sich nicht erklären konnten.

Halb im Scherz und halb im Ernst zog einer der Knechte sein Messer aus der Hosentasche und schleuderte es geschickt mitten in die geheimnisvolle Wolke hinein. Doch wie seltsam! Das Stilett fiel nicht mehr auf die Erde zurück, und so viel die Leute auch in dem kurzen Gras suchten, es war nirgends mehr zu finden. Der Wirbelwind aber war schnell vorüber, und das eigenartige Erlebnis wurde bald vergessen.

Einst war es auch Brauch, daß die Burschen aus dem Montafon und den benachbarten Tälern im Frühjahr außer Landes gingen. Sie zogen als Maurer, Steinhauer und Krautschneider in das Elsaß oder in die welsche Schweiz, um dort Geld zu verdienen.

Mit diesen fröhlichen, jungen Leuten wanderte auch der Knecht von der Alpe Zamang. Die Burschen hatten noch eine Tagesreise vor sich und mußten in einem Wirtshaus, das gerade an der Straße lag, übernachten.

Da sah unser Knecht voll ungläubigen Staunens sein Stilett auf dem Fenstersims der Gaststube liegen. Er hatte es sofort an der ungewöhnlichen Form als sein Eigentum erkannt. Ja, es war dasselbe Messer, das er im vorigen Sommer in den aufsteigenden Heuwirbel geworfen hatte.

Da öffnete sich die Tür, und der Wirt trat in die Stube. Als der finster blickende Mann den Jungen so nachdenklich mit dem Stilett in der Hand dastehen sah, schritt er rasch auf ihn zu und überfiel ihn förmlich mit der heiser hervorgestoßenen Frage: „Sag, kennst du vielleicht dieses Messer?" Der junge Montafoner schaute überrascht auf. Etwas Lauerndes in Blick und Stimme des Wirtes warnte ihn, vorsichtig zu sein. Eine dunkle Ahnung stieg in ihm auf, und er antwortete gelassen: „Nein, ich kenne es nicht. Es ist mir nur wegen seiner eigenartigen Form aufgefallen, und ich wollte gerade die Marke des Messerschmiedes suchen."

Ein scharf prüfender Blick des Mannes traf noch den jungen Knecht, jedoch schien der Argwohn des Wirtes besänftigt, und er erzählte folgende Geschichte:

„Vorigen Sommer fuhr meine Tochter auf die ‚freie Kunst' ins Montafon, da wurde ihr dieses Messer von einem Unbekannten in den Leib geworfen. Sie wurde so schwer verwundet, daß sie gerade noch das väterliche Haus erreichen und uns ihr Unglück mitteilen konnte; dann mußte sie ihr junges Leben lassen.

Dieses Messer aber, das sie tödlich getroffen hat, habe ich auf das Fenstersims gelegt. Vielleicht erkennt es einmal einer der Durchreisenden und entlarvt sich dadurch selbst als Mörder meines Kindes. Dann wehe ihm!"

Wie froh war da der Knecht, daß er geschwiegen hatte. Klugheit und gute Beobachtung hatten ihm das Leben gerettet. Als die jungen Vorarlberger am nächsten Morgen den Gasthof verließen und auf der staubigen Landstraße singend und lachend ihrem Ziel zuwanderten, war keiner froher als der Bursche aus Zamang.

Im Herbst aber erzählte er die sonderbare Geschichte seinen Leuten zu Hause. Nun war ja das Rätsel gelöst, der geheimnisvolle dunkle Körper in der Heuwolke hatte sich als Hexe entlarvt, und alle dankten Gott, daß er den braven Knecht in der Gefahr beschützt hatte.

Wilhelm Tell

Die Sage von Wilhelm Tell erzählt uns von der Bedrückung und Unfreiheit seines Vaterlandes vor vielen, vielen Jahren, und wenn sich die Chronisten auch widersprechen, so wissen wir doch so manches aus dieser Zeit allein durch ihre Aufzeichnungen.

Demnach standen im dreizehnten Jahrhundert die Gaue und Städte der Schweiz noch unter verschiedenen Machthabern, die diese Besitztümer nach ihrem Belieben wieder verkauften, verpfändeten oder vererbten. So waren die Urkantone Schwyz, Uri und Unterwalden im Namen des Reiches gegen Zusicherung ihrer Rechte und Freiheiten unter die Schirmvogtei der Habsburger gekommen.

Diese drei Vogteien am Vierwaldstätter See, die zum Zürichgau gehörten, hatten sich um die Mitte desselben Jahrhunderts zu einem Bund zusammengeschlossen, den sie im Sommer 1291 erneuerten, und als die Herzöge von Österreich nun Vögte einsetzten, welche die alten, verbrieften Rechte mißachteten, kam es zum Konflikt mit den verhaßten Amtsleuten.

Die Vögte

Über Uri herrschte damals Geßler als Landvogt. Er war ein grausamer Mann, dessen dauernde Gewalttaten wie ein Alpdruck auf dem Volke lasteten. Auch den Tell hatte er einst mit einer harten Geldbuße bestraft, weil sich ein Tier seiner Herde auf des Vogtes Herrenwiese verlaufen hatte. Die Bauern wurden von den Fronvögten mit brutaler Gewalt zum Bau ihres eigenen Kerkers, einer Festung bei Altdorf, gezwungen. Greise, Frauen und Kinder mußten mithelfen, und die Erbitterung des Volkes war groß.

Über den Hütten und Höfen des Fleckens Bürglen am Eingang in das Schächental lag Wilhelm Tells Wohnhaus. Mit seiner Frau Hedwig und den beiden Knaben Walter und Wilhelm führte er dort ein einfaches, gottesfürchtiges Leben. Der kühne, stets hilfsbereite Mann war überall beliebt. Man kannte ihn als meisterhaften Schützen, als verwegenen Gemsenjäger und als unerschrokkenen Steuermann durch die oft stürmischen Gewässer des Vierwaldstätter Sees.

Oft machte er ausgedehnte Streifzüge in die Berge. Tagelang kletterte er umher, erlegte das Wild mit seiner Armbrust und schoß den Raubvogel in der Luft. Er kannte jeden Weg, jeden Steig, und in der Gefahr, im Kampf mit den Mächten der Natur war er in seinem Element. Im Tal das Vieh zu hüten, Hof und Feld zu bestellen, das überließ er lieber den anderen.

Wieder einmal trieb es den Jäger hinauf bis nahe an die Gletscherregionen. Hoch oben an der Grenze der Almen hauste Ruodi, der alte Wildheuer, mit seiner

Familie, bei ihm hielt er kurze Rast, bevor er in waghalsiger Kletterei den Gemsen nachstellte. Ein Tier hatte er schon erlegt, und mit unsäglicher Mühe und unter Aufbietung aller Kraft und Geschicklichkeit holte er es aus den jäh abstürzenden Felsen herauf.

Plötzlich donnerte eine Lawine zu Tal, und als er sich umblickte, war Ruodis Hütte im Schnee verschwunden. Schnell eilte er zu der Unglücksstätte, und in stundenlanger harter Arbeit befreite er die Eingeschlossenen, die zum Glück unversehrt waren und Gott und ihrem Retter aus heißem Herzen dankten. Doch Tell wehrte ab und wandte sich rasch dem Heimweg zu.

Aus den tiefer gelegenen Wäldern trug der Wind den Klang von Jagdhörnern herauf. Ob wohl Geßler mit seinem Gesinde wieder auf der Pirsch war? Die Gedanken des rüstig ausschreitenden Mannes kreisten um den verhaßten Landvogt, während er auf gefährlich schmalem Pfad um eine Felsenecke schritt. In der Schlucht tief unten brauste der wilde Schächenbach.

Da kam eine dunkle Gestalt langsam tastend auf den Schützen zu, und im Näherkommen erkannte Tell den Tyrannen, der sich im Eifer der Jagd von seiner Gesellschaft entfernt und verirrt hatte. Beide standen sich nun gegenüber. Einen Augenblick lang kämpfte der Urner mit der Versuchung, den Vogt in den Abgrund zu stoßen. Geßler erschrak, als er Tell erblickte und sich vor der tiefen Schlucht sah. Doch der einfache Mann erbarmte sich seiner und half ihm über das schmale Felsband. Der Landvogt brachte kein Wort über seine bleichen Lippen. Auch Tell blieb stumm und schritt dann eilends weiter.

Mit Bangen hatte Hedwig die Heimkehr ihres Gatten erwartet. Wie erschrak sie aber, als er von der Begegnung mit Geßler erzählte. Die kluge Frau warnte den Arglosen: „Der Landvogt wird dir für dieses Mitleid niemals dankbar sein. Daß du ihn schwach gesehen, wird der Tyrann dir nie verzeihen. Hüte dich deshalb vor seiner Rache!"

Doch nicht allein Geßler bedrückte die einst freien Landleute; auch Wolfenschießen war ein brutaler Gewaltherr. In der Nähe seines Schlosses Rotzberg lebte zu dieser Zeit der Bauer Baumgarten mit seinem schönen Weib. Auf diese Frau hatte der Vogt sein Verlangen gerichtet, und mit allen Künsten der Verführung suchte er sie für sich zu gewinnen. Da ihm dies nicht gelang, wählte er einen anderen Weg.

Während der Mann im Wald arbeitete, betrat er sein Haus und zwang die Frau, ihm ein Bad zu richten; doch als Wolfenschießen sie bedrängte, entkam sie durch eine List und schickte ein Kind eilig zum Vater. Die Axt in der Hand, rannte der Bauer heim, und in blindem Zorn erschlug er den Wüstling im Bade.

Kaum war die grause Tat geschehen, kam die Ernüchterung. Von seinem Weib gedrängt, floh der Mann, wie er war, der Grenze zu, gegen Treib am Vierwaldstätter See. Er lief um sein Leben, denn als der Mord ruchbar wurde, schwärmten die Häscher des Landvogtes aus, den Flüchtigen zu fassen.

Baumgarten hatte gerade das Ufer erreicht, da erhob sich ein mächtiger Föhnsturm, der die Wellen des Sees hoch aufpeitschte. Weißer Gischt bedeckte die

Wogenkämme, und tief hingen die Wetterwolken am Himmel. Der Gehetzte bestürmte den Fergen, ihn überzusetzen, er bat und flehte, auf den Knien lag er vor dem Zögernden. Einige Hirten und Fischer kamen herbei und baten mit ihm. Das Brausen des Sturmes erfüllte die Luft, und gewaltig schlugen die Wellen an das Gestade, so war der Fährmann nicht zu überreden. Er hatte Frau und Kind daheim, und die Gefahr war zu groß.

Auf einmal stand Tell unter ihnen. Er sah die Todesangst und die bittere Not seines Landsmannes, und sein Entschluß war sofort gefaßt. Kurz trug er dem Schiffer auf, seine Familie zu benachrichtigen, wenn ihm etwas zustoßen sollte, und sprang dann zu Baumgarten in das heftig schaukelnde Boot. Mit raschen, kräftigen Schlägen ruderte er über den tobenden See.

Vom bleigrauen Himmel zuckten die Blitze, krachend schlugen sie in das Wasser, und aus den Felsenschluchten rollte das unheimliche Echo der Donnerschläge. Wie eine Nußschale tanzte der Nachen über den Wellen.

Jetzt kamen des Landvogts Knechte wütend angesprengt und sahen, umsonst war ihre Menschenjagd gewesen, das Opfer war in Sicherheit. In ohnmächtigem Zorn warfen sie brennende Fackeln in die Hütten der Hirten und ritten sodann ihre Herden nieder.

Tell brachte den Flüchtigen sicher nach Schwyz, wo der völlig erschöpfte Mann in Werner Stauffachers Haus ein sicheres Versteck und Asyl fand. Der ehemalige Ammann hätte sich nun gern mit Tell wegen der Verschwörung der Waldstätte beraten, doch zu seinem Erstaunen lehnte dieser ab: „Ich bin kein Mann vieler Worte, wenn ihr mich zur Tat braucht, dann komme ich", sagte er schlicht.

Die Frevel und die Greuel mehrten sich weiter im Land. Bei Sarnen im Melchtal lebte Heinrich von der Halden. Er war schon hochbetagt und allgemein geachtet. Sein einziger Sohn Arnold hing mit Liebe an seinem alten Vater. Einstmals ließ jener sich in jugendlichem Überschwang zu einer unbedachten Äußerung über die Bedrückungen der Vögte und über die willkürlichen Steuern, die sie verhängten, hinreißen. Diese Worte wurden dem Landvogt Beringer von Landenberg von Spionen zugetragen, und er sandte seine Schergen aus, um Arnold von der Halden zu bestrafen. Zwei schöne Ochsen sollten ihm gepfändet werden.

Ein Ackerknecht pflügte eben das Feld, als die Boten des Landvogtes kamen und ihm die Tiere aus dem Pflug spannen wollten. Auf das Hilfegeschrei des Mannes kam Arnold herbeigelaufen und zerschlug in seiner Erregung einem der Habsburgerknechte die Finger. Das Unglück nahm seinen Lauf. Er wußte, daß die Rache des Vogtes nicht ausbleiben würde, und als der Vater den Sohn bestürmte, der Gewalt zu weichen und sich eine Zeitlang zu verbergen, floh Arnold endlich nach Uri in das Haus des greisen Walter Fürst.

Die Häscher des Landvogtes kamen zu Heinrich von der Halden und schleppten den alten Mann auf die Burg. Weil er das Versteck seines Sohnes nicht nennen konnte, da er es nicht kannte, befahl der Landvogt, ihn zu foltern und zu blenden. Der ganze Besitz wurde eingezogen und der blinde Alte mit dem Bettelstab hinausgestoßen.

Die Verschwörung

Die Spannung im Volke wuchs. Überall spürten die Vögte geheimen Widerstand, Trotz und Haß. Die Bauern wußten sich bespitzelt und umstellt, doch hatten sie geheime Signale ausgemacht, und ihr Nachrichtendienst funktionierte schneller als jeder Meldereiter.

Rauchsäulen stiegen an vorbestimmten Stellen aus den Wäldern, und die Fischer manövrierten mit ihren Segeln so, daß es der Eingeweihte weit über den See hin sehen konnte. Die Auflehnung war allgemein, und es bedurfte nur noch eines einzigen Anlasses, um das Faß zum Überlaufen zu bringen.

Einer der einflußreichsten Männer war der Schwyzer Werner Stauffacher. Sein stattliches Haus glich fast einem Edelsitz. Es war neu gebaut und behaglich, groß und fest aus Stein gefügt. Geßler sah das schöne Besitztum mit mißgünstigen Blicken, und mit höhnischen Worten suchte er den ehemaligen Ammann bei jeder Gelegenheit zu demütigen und zu bedrohen.

Doch Stauffacher war aus hartem Holz geschnitzt, sein Anhang unter der Bevölkerung war groß, und das machte ihn sicher. Margarethe, seine tapfere Frau, drängte ihn immer wieder, das Joch der Tyrannei doch endlich abzuschütteln: „In allen anderen Tälern sind gleichgesinnte Männer, auch in Uri und Unterwalden steht es nicht anders, auch dort stöhnen die Bauern unter der Fremdherrschaft. Wann endlich wollt ihr uns und damit euch von diesen verhaßten Vögten befreien?"

Stauffacher machte sich nun heimlich auf den Weg zu Walter Fürst. Der war ein wichtiger Mann in Uri und Schwiegervater des Wilhelm Tell. Arnold von Melchtal hielt sich bei ihm versteckt. Lange berieten die drei hinter verriegelten Türen, und sie beschlossen, die Bauern und Hirten in ihren Tälern gegen die Schreckensherrschaft der Vögte aufzurufen.

Auf dem Rütli, einer verborgenen Waldlichtung an der Grenze zwischen Uri und Unterwalden, wollten sie wieder zusammentreffen. Sie reichten einander die Hände und schworen Rache den Tyrannen. Dann hielten sie noch lange Rat, bevor sich Stauffacher wieder heimwärts wandte.

Baumgarten und der Melchi, wie sie den Arnold von der Halden nannten, hatten sich auf geheimen und gefahrvollen Wegen in die Heimat stehlen müssen; doch unterwegs fanden sie überall Hilfe und Unterschlupf. Jeder wußte von ihrem harten Schicksal und half mit, sie zu verbergen.

In einer lauen Mondnacht im Herbst fand man die Verschworenen am Fuß des Seelisberges. Die Wiese war voll von Männern; aus dürrem Reisholz zündeten sie Feuer an, damit auch die Schwyzer in ihren Booten leicht auf das Rütli zusteuern konnten. Uri, Schwyz und Unterwalden beschworen erneut den alten Bund. Sie wollten nichts anderes, als den früheren Stand der Freiheiten wiederherstellen.

Einmütig beschlossen sie, in der Neujahrsnacht, wenn alles in tiefem Schlaf läge, in die Burgen einzudringen, Vögte und Knechte zu vertreiben und die

Schlösser in Brand zu stecken. Nicht gegen die Oberhoheit des Kaisers lehnten sie sich auf, nur gegen seine Statthalter, die jedes Recht mißachteten, die das Land aussogen und das Volk knechteten.

Ein Priester sprach die feierliche Eidesformel vor, und als die Sonne leuchtend über die Berge stieg, gingen die Männer wieder in ihre Täler und an die Arbeit.

Der Apfelschuß

Trommelwirbel schlug über den Marktplatz von Altdorf, und unter der großen Linde drängten sich die Neugierigen. Ein Ausrufer des Landvogtes kam breitspurig herangeschritten und pflanzte sich vor der Menge auf.

Neben ihm standen der Trommler und die Knechte, von denen einer einen federgeschmückten Herzogshut auf einem roten Polster trug.

„Männer von Uri! Im Namen des Landvogtes Geßler, des kaiserlichen Statthalters, tu ich euch kund und zu wissen, daß man diesen Hut als Zeichen seiner Macht mitten auf dem Marktplatz von Altdorf wird errichten lassen und daß ein jeder vor ihm das Knie beugen und das Haupt entblößen soll, als wenn der Landvogt selbst es wäre. Dies geschieht zur Prüfung des Gehorsams. Wer wider dies Gebot handelt, ist dem Gesetz verfallen mit Leib und Gut."

Hohngelächter folgte dieser entwürdigenden Zumutung, und drohendes Murren drang aus der Menge, doch erstickten die Äußerungen des Unwillens in neuerlichem, lautem Trommelwirbel. Während die Knechte des Landvogtes den Hut auf die Stange setzten, verlief sich die Menge langsam und mit finsteren Gesichtern.

Verdrießlich schritten die Wachen unter der Linde des Altdorfer Marktplatzes vor dem aufgepflanzten Herzogshut auf und ab. Der sonst so belebte Ort war wie ausgestorben. Nur ein paar neugierige Weiber und die Kinder trieben sich herum, sonst sah man keine Menschenseele.

Da kam Wilhelm Tell einher, die Armbrust geschultert und seinen Sohn Walter an der Hand führend. Ahnungslos ging er an dem Hut vorbei, ohne ihn zu grüßen.

Schon faßten ihn auch die Wachen: „Halt, in des Kaisers Namen! Ihr habt das Gesetz verletzt, Ihr seid gefangen!" Tell sah sie verwundert an: „Macht euch nicht wichtig, Freunde, laßt mich gehen."

„Nein, das dürfen wir nicht, Ihr habt dem Hut die Reverenz verweigert, Ihr müßt uns in das Gefängnis folgen!"

Als der Knabe begriff, was hier geschah, schrie er laut um Hilfe. Wenn auch der Marktplatz selbst leer war, so hatten doch die Altdorfer diese Szene heimlich beobachtet, und nun kamen Männer und Frauen gelaufen, und sie schickten schnell Boten aus und gaben ihre geheimen Zeichen, damit nur ja recht viel Volk zusammenströme, auf daß sich die Söldner Geßlers einer drohenden, haßerfüllten Menschenmenge gegenübersähen.

Ein wildes Getümmel entstand, sie wollten ihren Tell, den Helfer in der Not, den Schergen mit Gewalt entreißen. Plötzlich tönten Fanfaren in der Ferne: „Der Landvogt kommt!"

Hoch zu Roß kam Geßler durch die Menge geritten. Ein kostbarer Mantel umgab seine Gestalt, und ein Samtbarett, mit der kaiserlichen Pfauenfeder geschmückt, beschattete die unsteten Augen.

„Was gibt's?" fragte der Landvogt barsch mit finsterem Blick. Ein Wächter trat vor und meldete unterwürfig den Vorfall. „Ist das deine Ehrfurcht, Tell? Warum verweigerst du dem Hute die Reverenz, den ich zur Prüfung eures Gehorsams dort aufstellen ließ."

Stolz antwortete Tell: „Nicht aus Trotz hab' ich's getan, Herr, und es soll nicht mehr geschehen."

Der lauernde Blick des Vogtes fiel auf Tells Armbrust. Fast sanft kam es von seinen Lippen: „Du hast gefehlt, Tell, und dafür mußt du deine Strafe finden, doch will ich gnädig sein und dein Geschick in deine eigenen Hände legen."

In das bange Schweigen der starren Menge warf der Tyrann mit teuflischem Lächeln die Worte: „Du bist weithin berühmt im Land als Meister der Armbrust, so mache dich jetzt fertig, einen Apfel von deines Kindes Haupt zu schießen! Ziele gut. Verfehlst du den Schuß, dann gilt es deinen Kopf!"

Tell war totenblaß geworden, er traute seinen Ohren nicht, sollte man es glauben, daß ein Mensch so Ungeheuerliches ersinnen könnte. Verzweifelt wehrte er sich, zum Mörder seines eigenen Kindes zu werden. Doch unbeugsam befahl der Vogt von neuem: „Du schießt oder du stirbst mit deinem Knaben! Anderer Leben zu retten, hast du ja unbedenklich dein eigenes gewagt, jetzt rette du dich selbst!"

Er nahm einen Apfel und hieß die Leute achtzig Schritt weit eine Gasse öffnen. Empörte Rufe wurden laut, widerwillig wich die Menge zurück und drängte sich enger an die Dienstmannen heran. Es war ein ungewöhnlich schwüler Tag; der Föhn strich von den Bergen, erhitzte die Gemüter und machte die Menschen gereizt und streitsüchtig.

Der Knabe aber war furchtlos zum Stamm des Lindenbaumes geschritten, er ließ sich nicht anbinden, auch die Augen hielt er offen, da er fest auf die Kunst seines Vaters vertraute.

Tell schickte ein Gebet zum Himmel. Dann nahm er seine Armbrust, er legte an, er zielte — doch ein Zittern befiel seine Hände. In höchster Verzweiflung bat er noch einmal: „Herr, erlaßt mir diese Strafe, und nehmt mein eigenes Leben!" Geßler weidete sich an seiner Not, und spöttisch sprach er: „Ich will dein Leben nicht, Tell, ich will den Schuß, du schreckst ja sonst vor nichts zurück. Nun gilt es, deine Kunst zu zeigen."

Ein wilder Blick traf jetzt den frevelnden Peiniger. Der Schütze holte einen zweiten Pfeil aus seinem Köcher und steckte ihn in das Wams. Dann zielte er lange, sein Gesicht war fahl, Schweiß stand auf seiner Stirn — da schwirrte mit singendem Ton der Pfeil von der Sehne und schlug hart in den Lindenstamm.

Der Apfel war getroffen! Ein Aufatmen ging durch die erregte Menge. Doch als der Vater die Arme ausbreitete, um sein Kind an die Brust zu drücken, sank er, von der unmenschlichen Anspannung überwältigt, kraftlos zusammen. Seine Landsleute umringten ihn, und als er wieder zu sich kam, blickte er in teils begeisterte, teils ernste und dankbare Augen, er hörte Glückwünsche und aufmunternden Zuspruch.

Noch blaß von dem erlittenen Schrecken, nahm Tell seinen Knaben bei der Hand und wollte sich heimwärts wenden. Da rief der Landvogt ihn zurück: „Eines möcht' ich gerne wissen, Tell. Warum hast du einen zweiten Pfeil in dein Wams gesteckt?"

„Ach, Herr, das ist so Schützenbrauch." — „Nein, diese Antwort glaube ich dir nicht, es hatte einen anderen Zweck. Sag mir die Wahrheit, was es auch sei, dein Leben ist dir sicher."

„Nun gut", rief Tell und sah dem Tyrannen furchtlos in die Augen, „dieser zweite Pfeil war Euch bestimmt. Wär' auch der erste Schuß mir fehlgegangen, Euch hätte ich sicherlich getroffen."

Unwillkürlich fuhr der Landvogt zurück. Er riß an der Kandare, und sein Pferd bäumte sich auf. Ausrufe der Bewunderung und des Schreckens drangen aus der Menge.

Dann faßte sich der Vogt, seine Züge waren verzerrt, als er sich Tell wieder zuwandte: „Dein Leben habe ich dir zugesichert, um aber künftig vor deinen Pfeilen sicher zu sein, will ich dich in mein Burgverlies nach Schwanau bringen lassen!"

Herrisch rief er den Knechten zu: „Auf, bindet ihn, und schleppt ihn auf mein Schiff!"

Der Aufstand

Die Haltung des Volkes war jetzt so bedrohlich geworden, daß Geßler es nicht wagte, zu Land sein Schloß zu erreichen. So wählte er trotz des herannahenden Gewitters den Seeweg. Er rief seinen Reitern zu, daß er in Küßnacht landen wolle, sie sollten ihn dort abholen.

Die unbesonnenen jungen Männer von Uri konnten kaum von den Anführern der Verschwörung zurückgehalten werden, die ihnen klarmachten, daß noch nicht der richtige Augenblick gekommen sei, um loszuschlagen. Sie durften nicht voreilig handeln; wenn nur ein Teil zur Tat schreite, so sei der Plan umsonst. Alle, alle müßten wie ein Mann aufstehen, dann wären sie stark genug, die Fremdherrschaft endlich abzuschütteln.

Mit Geheimsignalen alarmierte man die Uferorte bis hinunter nach Küßnacht. Gelang es Tell, sich freizumachen, dann wußten sie Bescheid. In wenigen Stunden würde die Kunde vom Apfelschuß in alle Täler gedrungen sein, und dann gab es in den Waldstätten keinen Mann mehr, der zögerte, dann waren alle mit ganzem Herzen zum Aufstand bereit.

In Flüelen lag Geßlers Herrenschiff. Der Föhnwind war einem Sturm gewichen, der See hatte sich mit weißen Schaumkronen bedeckt, und das Boot schwankte heftig auf den Wogen. In wilden Böen klatschte jetzt der Regen vom Himmel, daß alle Leute im Schiff bis auf die Haut durchnäßt waren, und als der Sturm sich verstärkte und das Boot bedrohlich auf die Seite legte, wurde auch den Ruderknechten bange.

Der Landvogt trieb sie unbarmherzig zur Eile an, doch die Mannschaft kämpfte vergebens gegen die entfesselten Elemente. Als erst die Wassermassen über die Bordwände schlugen, sank auch Geßler der Mut. In der ärgsten Not und Bedrängnis kam ihm der rettende Gedanke, Tell an das Steuerruder zu setzen, der auch ein erfahrener Schiffer war.

So wurde denn der Gefangene losgebunden. Geschickt lenkte er das Schiff durch den aufgewühlten See und sah dabei mit wachsamem, scharfem Auge nach einer günstigen Stelle aus, um dem Griff Geßlers zu entkommen. Schattenhaft nur waren die Ufer zu erkennen, da tauchten aus den Nebelschleiern jäh die steilen Wände des Axensteins auf, und durch die zerstiebenden Brecher ragte eine beinahe ebene Felsplatte.

Tell befahl den Ruderknechten, scharf darauf hinzuhalten, dann sei die größte Gefahr gebannt. Er selbst drückte das Schiff mit aller Kraft hart an den Felsen heran, packte seine Armbrust und sprang mit kühnem Schwung auf den wildumbrandeten Felsen. Den Nachen stieß er dabei so kräftig ab, daß Strömung und Sturm ihn wieder erfaßten und das Boot nach Norden trieben.

Tell war frei. An Baumwurzeln und Strauchwerk geklammert, gewann er die Höhe. Aufatmend setzte er sich unter einen überhängenden Felsen und ließ die Geschehnisse der letzten Stunden an sich vorüberziehen.

Er sah die verzerrte Fratze des Tyrannen vor sich; das Haupt seines Kindes mit dem Apfel; er hörte die höhnenden, herzlosen Worte und spürte wieder die festen Stricke, die ihn banden. Die Augen seiner Landsleute blickten ihn an. Er wußte, jetzt waren sie bereit, zu allem entschlossen, er wußte aber auch, daß er so seines Lebens nicht mehr sicher war. Überall würden die Häscher des Landvogtes ihn suchen, er würde sich verstecken müssen wie so viele andere.

Aber Tell war ein freier Mensch, verwachsen mit der Natur, und der Gedanke an den Kerker versetzte ihn in Aufruhr. Die furchtbare Versuchung kehrte wieder, die sein offenes und rechtschaffenes Wesen immer wieder zurückgedrängt hatte. Heute war sie ihm willkommen, nach allem, was geschehen war, mußte er die Tat vollbringen.

Auf verborgenen Pfaden wandte sich der Jäger über Lowerz nach Küßnacht, dort wollte er auf den Tyrannen warten. Vielleicht, so hoffte er, übernahm der See das Rächeramt. Doch der Sturm hatte sich wieder gelegt, und damit war das Schiff gerettet.

Die Dämmerung war schon hereingebrochen, und von den Büschen und Bäumen tropfte der Regen, als Geßler inmitten seines großen Gefolges durch die Hohle Gasse ritt. — Ein spitzer Pfeil schwirrte durch die klare Luft. Der Tyrann bäumte sich auf und griff sich ans Herz, er schwankte, die bleichen Lippen flüsterten: „Das war Tells Geschoß!" — Dann sank er tot vom Pferd.

Unter den Leuten des Vogtes entstand ein wildes Durcheinander, Angst und Schrecken malten sich auf ihren Gesichtern. Sie glaubten sich umzingelt und ritten in wilder Flucht davon.

Tells Gewissen war ruhig. Der Landvogt verkörperte für ihn die Macht des Bösen. Was er heute getan hatte, war nicht Mord, es war Notwehr, es war der einzige Ausweg zur Rettung aus drückender Gewalt. Die Kunde von Geßlers Tod und von der befreienden Tat des Wilhelm Tell verbreitete sich mit Windeseile in den Tälern.

Heimlicher Triumph erfüllte die Waldleute. Doch immer noch hielten sie sich mit Gewalt zurück. Es gab kein Dorf, kein Haus und keine Hütte, wo nicht die Waffen vorbereitet wurden für den Aufstand. Diese Zeit äußerlicher Ruhe täuschte die Vögte und wiegte sie in Sicherheit. Der Schrecken von des Landvogts Tod steckte ihnen noch in den Gliedern und mäßigte etwas ihren Übermut.

*

Über Tälern und Höhen lag tiefer Schnee, die Neujahrsnacht war gekommen, die Zeit war reif. Im ganzen Lande brachen die Männer auf. Mit Leitern und Brandfackeln drangen sie in die Burgen und überrumpelten die schlafenden Vögte samt ihrem Gefolge. Sie ruhten nicht eher, bis alles in Schutt und Asche lag.

Das Land war frei, und sein Erretter hieß Wilhelm Tell. Die Waldleute feierten ihn als ihren Helden. Sein Andenken blieb erhalten, und seine Taten gingen von Mund zu Mund bis auf den heutigen Tag.

Die Teufelsbrücke

In den Schweizer Alpen erzählt man sich zahllose Sagen, die mit dem Teufel verknüpft sind, und meist begegnen wir dabei dem Höllenfürsten als Erbauer kühner Brücken über Schluchten und reißende Gebirgswässer. Wo die menschliche Kunst einst versagte und man auf unüberwindliche Hindernisse stieß, da fand der Satan stets Gelegenheit, seine Hilfe anzubieten.

So erzählt auch die folgende Geschichte von der Entstehung einer Teufelsbrücke, die sich heute in hohem Bogen von einem Ufer der Reuß zum anderen schwingt:

Ein junger Hirte watete Tag für Tag unter großer Mühe und Gefahr durch den reißenden Fluß, um zu seinem Mädchen zu gelangen, das auf dem anderen Ufer als Sennerin arbeitete. Wohl hätte er auf einem stundenlangen Umweg ihre Hütte erreichen können, aber die Sehnsucht, möglichst bald bei seiner Braut zu sein, drängte ihn immer wieder durch die gefährliche Furt.

Einen ganzen Sommer über und auch im Herbst war alles gut gegangen, und im Winter wohnte der Bursche im Tal. Als aber der Frühling ins Land zog, trieb er seine Herden auf die Berge, und damit begann wieder sein frohes, freies Hirtenleben.

Eines Tages stand er auf einem Hügel und blickte betrübt auf die tobenden, braunen Fluten der Reuß hinab. Hoch oben auf den Berggipfeln begann der Schnee zu schmelzen, und überall flossen und sprangen die Bächlein zu Tal, sie schossen eilig über Wiesen und Almen, sie rieselten durch Tannen- und Lärchenwälder, stürzten von den Felsen und vereinigten sich tief unten in der Schlucht mit den Wellen des Flusses.

Wild und ungestüm brauste das Wasser in seinem engen Bett dahin, alles mit sich fortreißend, was ihm in den Weg kam. Der Hirte konnte nicht ans andere Ufer, und seine Braut würde heute vergeblich warten. „Ach, wenn doch nur der Teufel käme und mir eine Brücke baute!" entfuhr es dem Burschen in seinem Zorn.

Diese Worte waren kaum gesprochen, da stand auch schon der Satan neben ihm. Er war durchaus nicht so schrecklich anzuschauen, im Gegenteil, er sah aus wie ein vornehmer Herr, und sein Gesicht strahlte vor Freundlichkeit und außerordentlichem Wohlwollen. Der Hirte, der ein guter Christ war, erschrak daher nicht im mindesten und blickte dem Teufel furchtlos in das Antlitz. Auf dessen teilnehmende Frage klagte er dem Leibhaftigen sein Leid, und dieser versprach ihm, in kurzer Zeit eine Brücke über die Reuß zu bauen unter der einzigen Bedingung, daß die Seele des ersten lebenden Wesens, das die Brücke überschreiten würde, ihm gehören solle. In seiner Verliebtheit und in dem Verlangen nach einer Verbindung mit der anderen Talseite, die ihm den Weg zu seinem Mädchen erleichtern würde, versprach der Bursche alles, was der Teufel wollte.

Das Werk begann. In unheimlicher Schnelligkeit flog der Höllenfürst hin und her, schaffte Steine herbei, schichtete sie fest aufeinander und wölbte sie dann kunstvoll zu einem kühnen Bogen. Im Handumdrehen waren die beiden Ufer verbunden, die Brücke stand, der Bau war vollendet.

Der Teufel setzte sich nun zufrieden und erwartungsvoll auf das Brückengeländer und harrte voll Gier der ihm verfallenen Seele. Natürlich dachte er, daß der Bursche, voll Sehnsucht nach seiner Braut, die Abmachung vergessen und ihm geradewegs in die Arme laufen würde. Und er sah sich schon triumphierend mit seiner Beute zur Hölle fahren. Doch er sollte sich täuschen.

Gerade noch zur rechten Zeit erinnerte sich der Hirte an das Versprechen, das er dem höllischen Verführer gegeben hatte, und so sehr es ihn auch drängte, endlich wieder sein Mädchen zu sehen, so bezähmte er doch seine Ungeduld. Er setzte sich also auf einen Stein in der Nähe des Flusses und wartete ebenfalls.

Schon neigte sich die Sonne, da ergab sich der glückliche Zufall, daß ein Gemsbock am anderen Ufer der Reuß erschien. Er sprang leichtfüßig auf die Brücke und wollte hinüber. Der Teufel mußte nun die magere Beute packen, aber in seiner Wut, keine menschliche Seele erwischt zu haben und um den Lohn seiner Arbeit geprellt zu sein, zerriß er das arme Tier und warf die einzelnen Stücke, brüllend vor Zorn, an die ringsum steil und düster aufragenden Felsen. Dann fuhr er feuerspeiend in seiner wahren Gestalt hinab in sein unterirdisches Reich.

Rauch und Schwefelgestank erfüllten noch die Luft, als der Hirte, befreit und glücklich, seinen Fuß auf die feste, schöne Brücke setzte. Ja, er konnte fröhlich lachen und singen, hatte er doch zu seinem Glück noch den Teufel betrügen können, und sein sehnlicher Wunsch war erfüllt.

Nerina, die schöne Alpenfee

Jahrhundertelang glaubten die Bauern und Hirten des Alpenlandes, daß ihre Berge von Geistern und Dämonen, von guten und bösen überirdischen Wesen bevölkert seien, und zahllos sind darüber die Geschichten von Zwergen, boshaften Kobolden und gefährlichen Bergdämonen, aber auch von Wilden Frauen und schönen Feen.

Die Schutzgeister der Gebirge und Gletscher pflegten bei nächtlichen Reigen zu einer gar wundersamen Musik zu tanzen, und der Wanderer, der früh am Morgen den Berg bestieg, konnte noch im taufeuchten Gras die Fußabdrücke der Feen vorfinden. Gerne betörten sie auch die Hirten, und manchmal folgten sie ihnen sogar als ihre Frauen in ihre dumpfen Hütten. Doch brachten diese Verbindungen nicht immer das ersehnte Glück, denn die Feen waren so zart und empfindsam, daß die kleinste Kränkung ihre Liebe in Gleichgültigkeit oder sogar in Haß verwandeln konnte.

Auf den Bergen des Ormonttales, dicht bei dem See von Ai, steht ein hoher Felsturm, in dessen nördlicher Wand sich eine dunkle Höhle ausbreitet, die einst der schönen Fee Nerina als Wohnung diente. Dieses zarte Wesen aus einer anderen Welt war in heißer Liebe zu dem Hirten Michèle entbrannt.

Der Bursche aber war schon mit einer rotbackigen, blonden Dirn seines Heimatdorfes verlobt, und bald sollte die Hochzeit der beiden sein. Doch Nerina störte das nicht, und sie versuchte mit allen Mitteln, seine Gunst zu gewinnen. Ihre Schönheit berückte den einfachen Michèle, und überdies versprach sie mit verführerischen Worten, ihm das vollkommene Glück auf Erden zu schenken.

So stieg der Jüngling eines Nachts mit seiner märchenhaft schönen Begleiterin den Berg hinauf zu der großen Alpenrosenwiese. Nerina berührte mit ihrem Zauberstab eine der vollerblühten Rosen, die sich sogleich in einen geflügelten Wagen verwandelte. Dann hob sie ihre Hände beschwörend in die klare Nacht, und Hunderte von Schwalben schwirrten wie eine dunkle Wolke heran. Die Vögel senkten sich rauschend vor Michèle und Nerina zur Erde und ließen sich willig mit goldenen Fäden vor den Wagen spannen.

Nun bestiegen die beiden das Rosengefährt, und in sausender Fahrt ging es fort über die Alpen. Schimmernde Gipfel und tiefe Schluchten, von Silbernebeln versteckte Täler und im Mondlicht gleißende Gletscher blieben rasch hinter ihnen zurück. Freudestrahlend stand Nerina in ihrem hauchdünnen Schneegewand neben dem Jüngling, und ihre Augen funkelten gleich den Goldsternen in ihrem dunklen Haar.

Der Hirte aber fand nicht die ihm versprochene Glückseligkeit. Seine Gedanken weilten bei Salome, der blonden Braut, und in seinem Heimatdorf, das jetzt weit weg zwischen düsteren Bergen lag.

Immer trauriger wurde der Bursche. Sein Herz empfand keine Freude beim Anblick all dieser Herrlichkeiten, und Tränen verdunkelten seinen Blick. Großes Heimweh hatte ihn ergriffen, und er flehte Nerina an, ihn wieder in seine Berge zurückzuführen.

Ein unsagbarer Schmerz und tiefe Enttäuschung durchdrangen die Brust der schönen Fee, doch sie erhörte des Hirten Bitte und gebot den Schwalben, umzukehren. Wie glücklich war Michèle, als er wieder auf seiner Alm war.

Die glühende, unwandelbare Liebe zu seiner Heimat hatte den einfachen Hirten allem Feenzauber widerstehen lassen. Er heiratete sein Mädchen und lebte bescheiden und friedlich in der Hütte seiner Väter.

Die gekrönte Schlange

Im Berner Oberland lebte einst eine Bauernfamilie, die verbrachte fast jeden Sommer auf der Alm, während ihre erwachsenen Söhne im Tal die Wirtschaft führten. Es war die schönste Zeit für sie und ihre Tochter, das kleine Rösli, die da oben in Freiheit und guter Luft gesund und kräftig heranwuchs. Sie war mit allen Haustieren vertraut und trieb sich besonders gern im Stall herum. Eines Tages nach dem Frühstück war sie gleich wieder zu ihren vierbeinigen Freunden gelaufen, und wie sie so im Stall von einer Raufe zur anderen ging, die Tiere streichelte und sie zärtlich bei ihrem Namen rief, sah sie plötzlich in einem dunklen Winkel des Raumes etwas glitzern und gleißen.

Neugierig ging sie hin und sah zu ihrem Erstaunen eine Schlange, die ein goldenes, edelsteinverziertes Krönlein auf dem Kopf trug. Zuerst verspürte das kleine Mädchen Angst und wollte fast davonlaufen, dann aber sah es, daß das Tier ganz friedlich war, und da freute es sich an dem Glanz der schönen Krone und holte schnell ein wenig Milch in einer flachen Schüssel. Die stellte das Kind vor die Schlange hin und sah zufrieden zu, wie das Tierchen gierig trank.

Am nächsten Morgen war die Schlange wieder zur Stelle, und wieder bekam sie Milch und eingeweichtes Brot von dem freundlichen, kleinen Rösli, und so hielten es die beiden von nun an alle Tage. Manchmal trafen sie sich auch im Freien, und das Kind hatte die Schlange allmählich so in sein Herz geschlossen, daß es mit ihr spielte und sang.

Dem Bauern fiel es auf, daß sein Töchterlein das Frühstück nie im Hause aß, sondern immer damit in den Stall oder in einen abgelegenen Winkel der Alm wanderte. Er folgte dem Mädchen heimlich und war unsagbar erstaunt, als er sah, daß seine kleine, blonde Dirn eine gekrönte Schlange fütterte und mit ihr plauderte. Unbemerkt schlich er sich wieder in das Haus zurück und sprach zu niemandem über das Gesehene. Sein Töchterlein aber ließ er ruhig gewähren.

Jahre waren seither vergangen, und die Freundschaft Röslis mit der Schlange dauerte immer noch fort. Aus dem blonden Kind war eine blühende, frische Bauerndirn geworden, die viele Burschen gern zur Frau gehabt hätten.

An einem sonnigen Maientag war es dann so weit, und das Mädchen wurde in der blumengeschmückten Dorfkirche mit einem jungen Bauern getraut. Nach der Messe stieg das Brautpaar mit den Eltern, Verwandten und Hochzeitsgästen auf die Alm, wo schon ein festliches Mahl bereitet war. Lachend, singend und plaudernd saßen die Leute auf den hölzernen Bänken an dem langen Tisch — da sprangen plötzlich ein paar der Mädchen schreiend auf.

Eine Schlange mit einem blitzenden Krönchen auf dem Kopf kam hereingeschlängelt. Sie ließ sich von dem Lärm und Geschrei gar nicht beirren und wand sich leicht und anmutig auf die Braut zu. Das Gesicht der jungen Frau

strahlte, als sie ihrer langjährigen, treuen Spielgefährtin ansichtig wurde. Sie schüttete etwas Milch in eine flache Schüssel, brach eines von den guten Hochzeitsküchеln und legte es in kleinen Stücken hinein.

Die Schlange trank und aß alles, was ihr vorgesetzt wurde, dann schnellte sie hoch und legte ihr schimmerndes Krönlein auf den Platz der jungen Frau. Die Gesellschaft war zuerst sprachlos vor Staunen, aber dann brach ein wahrer Sturm los, alle redeten und schrien durcheinander, und in dem Gewirr war die Schlange plötzlich spurlos verschwunden, und niemand hat sie je wieder gesehen.

Das goldene Krönlein aber brachte dem jungen Paar Glück. Auf ihrem Hof gedieh alles auf das beste, Kinder und Tiere blieben von Krankheiten verschont, die Ernten mißrieten nie, und sie hatten ihr Leben lang keine Sorgen.

Der Turm von Saleuscex

Am Ufer des Genfer Sees lebte zur Zeit der Königin Berta der Herr von Aigremont, ein gefürchteter Raubritter. Er wohnte da mit seiner Tochter, den Dienern und den Knechten auf Schloß Ormont. Seine Frau war schon vor Jahren gestorben, und der Witwer ließ sein Kind meist unter der strengen Obhut seines Burgvogtes zurück, während er sich plündernd und raubend in der Gegend herumtrieb. Die Tochter führte ein armseliges Schattendasein hinter den efeuumsponnenen Mauern der alten Burg. Von ihrem rohen Vater wurde sie grausam behandelt. Jedes kleinste Vergehen bestrafte er unnachsichtig, und das Mädchen zitterte, wenn es nur den Hufschlag von Aigremonts Rappen hörte.

Die Gewalttaten des finsteren Mannes erregten schon lange den Unmut der benachbarten Ritterschaft. Die Herren warben deshalb Söldner an und belagerten eines Tages Schloß Ormont. Es war ein völlig überraschender Angriff, und nach kurzem Kampf wurde Herr von Aigremont besiegt.

Frau Isabella von Bloney, eine Verwandte des grimmen Schloßherrn, erbarmte sich ihres Vetters und gestattete ihm, in dem Turm von Saleuscex, der ihr Eigentum war, zu wohnen. Der geschlagene Ritter erhielt von seinen Besiegern die Erlaubnis, sich mit seiner Tochter dorthin zurückzuziehen.

Nun hausten die beiden in dem malerischen Turm am See, da sie ihn aber nicht verlassen durften, war er doch nichts anderes als ein bequemeres Gefängnis. Das arme Mädchen mußte für die Schuld des Vaters büßen, und der einzige Lichtblick in ihrem freudlosen Dasein waren die Besuche Bertold von Bloneys, des Sohnes von Frau Isabella.

Bertold kam häufig in den Turm und vertrieb seiner traurigen, jungen Base die Zeit. Die beiden jungen Leute verliebten sich ineinander, und das Mädchen blühte auf. Endlich hatte sie einen Menschen gefunden, der gut und freundlich zu ihr war, vor dem sie sich nicht fürchten mußte. Bei ihren Zusammenkünften bauten sie die herrlichsten Luftschlösser und sahen die Zukunft wie den Garten des Paradieses vor sich liegen.

Aber es sollte alles anders kommen, als sie träumten. Herr von Aigremont erkannte bald, wie sehr sich die beiden jungen Leute liebten, und da er seine Tochter stets nur unterdrückt und gequält hatte, konnte er es auch jetzt nicht mit ansehen, daß sie einen Menschen mehr liebte als ihn. Er geriet in großen Zorn und drohte, Bertold zu töten, wenn er es noch einmal wagen sollte, in den Turm zu kommen. Das Mädchen war untröstlich, aber gegen den Starrsinn des Vaters kam es nicht auf. Es mußte sich fügen wie immer.

Bald nach dieser aufregenden Begebenheit erkrankte Herr von Aigremont so schwer, daß er den Tod nahen fühlte. Schwere Gewissensbisse plagten ihn, seine schlechten Taten standen deutlich und erschreckend vor seiner Seele, und er

hatte solche Angst vor den ewigen Flammen, daß er seine Tochter bestürmte, auf alles irdische Glück zu verzichten und ihm zuliebe den Schleier zu nehmen. Nur dann wäre er sicher, sie würde unablässsig für das Heil seiner Seele beten.

Das arme Mädchen hatte einen schweren Kampf durchzustehen. Sie sollte auf Bertold verzichten, auf die Liebe und das Glück ihres Lebens, nur um den grausamen Vater vor den gerechten Qualen der Hölle zu erretten? Während die Tochter so grübelnd an dem Krankenlager saß und um Kraft und Erleuchtung betete, bedrängten sie ständig die flehenden Blicke des Sterbenden, so daß sie schließlich nicht mehr anders konnte und dem Vater voll Mitleid seine Bitte erfüllte, damit er in Frieden sterben könne. Bald darauf schloß Herr von Aigremont die Augen für immer.

Nach den Trauerfeierlichkeiten kam Bertold wieder in den Turm. Er glaubte nun, bald die geliebte Base als Gattin auf sein Schloß führen zu können, aber er sollte sich täuschen. Das Mädchen konnte das gegebene Versprechen nicht brechen, so schwer es ihr auch fallen mochte, sie wies den Vetter schweren Herzens ab und verschwand für immer hinter den Mauern eines Klosters.

Aber so groß das Opfer des Fräuleins auch war, es muß doch nicht ganz richtig damit gewesen sein. Ein kleiner Rest von Reue und Trauer um das verlorene Glück blieb wohl ihr Leben lang in dem Herzen der Nonne zurück, und deshalb konnte sie auch den Vater nicht vor der ewigen Verdammnis erretten.

Jahrhundertelang schwebte in mondhellen Nächten eine zarte, feine Nebelgestalt langsam und klagend um den alten, zerfallenden Turm von Saleuscex, und ein dunkler Schatten, das Ebenbild des Herrn von Aigremont, begleitete sie unter teuflischem Gelächter.

Der Teufel als Gemsbock

Jenseits von Ala liegt der Pione della Mussa zwischen majestätischen Gebirgsmassiven, und von dem heiteren Alpendörflein Balma aus hat man einen herrlichen Blick auf diese großartige Steinkulisse. Dort erzählen sich die Bauern heute noch folgende Sage:

Einst stieg ein junger Gemsenjäger aus Balma hoch hinauf in die Berge. Sein Auge war scharf, ruhig seine Hand, und kein Schuß ging dem geübten Schützen je fehl.

Der Morgen war kühl und klar, und der Jäger erklomm behende eine senkrechte Felswand, er sprang sicher über Klüfte und Abgründe und kletterte über schmale Bänder, aber keine Gemse ließ sich blicken. Plötzlich stand ein prachtvoller Bock vor seinem Auge. Der Jäger nahm die Armbrust von der Schulter. Er legte ruhig an und zielte — doch was war das? Der Pfeil flog pfeifend durch die Luft und prallte an der Felswand ab. Verwirrt starrte der Schütze dem flüchtenden Gemsbock nach, der wie der Wind davonfegte.

Ärger stieg in dem Jäger auf. Das war ihm noch nie passiert. Er mußte diesen Fehler gutmachen, koste es, was es wolle. Wieder warf er die Armbrust über die Schulter und kletterte in der Richtung, die das Wild genommen hatte, weiter.

Die morgendliche Kühle war geschwunden, und jetzt zur Mittagsstunde brannte die Sonne sengend vom Himmel. Kein Lufthauch regte sich, und von den Felsen strahlte die Hitze wider. Doch den Mann hatte das Fieber der Jagd erfaßt. Der Schweiß brach ihm aus allen Poren, aber er gab nicht auf. Er hatte es sich in den Kopf gesetzt, diesen Gemsbock zu erjagen, und weder Hitze noch Mühen konnten ihn davon abhalten.

Da sah er das Wild völlig überraschend ihm gegenüber. Der Schütze zielte, schoß — und wieder verfehlte er die Beute. Es flimmerte ihm schon vor den Augen, seine Hände bebten, aber von Fels zu Fels verfolgte er den Gemsbock, müde und keuchend irrte er über das Gletschereis — da stand der verteufelte Bock wieder in seiner ganzen Pracht. Er nahm ihn neuerlich aufs Korn und schoß — und ein drittes Mal ging sein Pfeil daneben.

Endlich, nach langer, mühevoller Verfolgung, gelang es dem erschöpften Mann, den Gemsbock zu töten, und er trank sein Blut mit vollen Zügen. Stolz lud er die Beute auf seine Schultern. Die Müdigkeit des Jägers war durch den Erfolg wie weggewischt, und er stieg rüstig mit seiner schweren Last zum Pione della Mussa nieder, wo die Alpenrosen in all ihrer Schönheit prangten.

Da spürte der Schütze, wie seine Last schwerer und schwerer wurde. Er vermochte sie keinen Schritt weiterzuschleppen. Erschöpft und matt warf er sie in das Gras. In diesem Augenblick blitzte es in den erloschenen Lichtern des Gems-

bockes auf, und vor dem erschrockenen Jäger verwandelten sie sich in riesige Feuerräder.

Es war der leibhaftige Teufel, den der Weidmann den ganzen Tag verfolgt und dessen Blut er zuletzt getrunken hatte. Der Höllenfürst stürzte sich mit satanischem Grinsen auf den Jäger und forderte gebieterisch seine Seele.

Voll Entsetzen sah der Schütze schon die Gehilfen des Teufels mit Zangen und glühenden Spießen im lodernden Höllenabgrund auf ihn warten. Da fiel ihm in seiner größten Not und Verzweiflung der heilige Georg ein. Inbrünstig rief er seinen Namen aus — und der grausige Spuk war mit einemmal verschwunden.

Befreit atmete der Jäger auf und ließ sich langsam in das kühle Gras sinken. Die Abendsonne vergoldete den Pione della Mussa, und dem Mann schien es, als hätten die Vögel in seinem ganzen Leben nie so fröhlich gezwitschert und die Blumen nie so herrlich geblüht wie an diesem Abend. Die Stille hüllte ihn ein, und in dem Frieden ringsumher empfand er sein schreckliches Erlebnis nur noch wie einen vagen Traum.

Der Hexenmeister von Frossasco

In der Nähe von Frossasco steht heute noch ein alter Turm, von dem die Sage geht, daß einst in seinen Mauern Feen und Zauberer, als Schlangen getarnt, hausten. Die Leute vermieden es besonders bei Nacht, an diesem unheimlichen Ort vorbeizugehen.

Eines Tages tauchte nun in Frossasco ein Hexenmeister auf. Es war Kirchweih. Links und rechts der Straße standen die Schaubuden, und die Händler boten mit lauter Stimme ihre Waren feil. Viele Menschen waren so zusammengeströmt und drängten sich durch die engen Gassen, schauend, kaufend und das bunte Treiben genießend.

Die größte Neugierde erregte aber der Hexenmeister, und das Staunen der Leute, denen er seine Künste zeigte, war groß. Der Zauberer unterhielt sich mit den Einwohnern von Frossasco und ließ sich so manches Wissenswerte von dem Ort erzählen. So hörte er auch von dem geheimnisvollen Turm, hinter dessen Mauern eine Unmenge von Schlangen hausen sollte.

Der Hexenmeister behauptete nun, die Macht zu besitzen, alle Tiere des Turmes herauszulocken und zu bannen, doch müsse er vorher wissen, ob auch gewiß keine weiße Schlange unter ihnen sei, denn seine Zauberkraft reiche wahrscheinlich nicht aus, auch die Königin des ganzen Gezüchtes zu zähmen.

Man wußte nichts Näheres darüber. Niemand konnte ihm eine genaue Auskunft geben, denn kein Mensch hatte bis jetzt gewagt, in den Turm hineinzuschauen, um zu sehen, was darinnen sei.

Die Leute drängten aber, das erregende Schauspiel zu sehen, und so entschloß sich der Zauberkünstler nach langem Zaudern und Grübeln, eine Probe seines Mutes und seiner Tüchtigkeit zu geben.

Er wanderte also von Frossasco hinaus, und ein Schwarm von Menschen zog ihm nach und umringte ihn, als er in angemessener Entfernung von dem Turm stehenblieb.

Da pfiff der Hexenmeister laut und schrill. Wahrhaftig — die Schlangen kamen aus dem düsteren Bau; sie wanden sich zwischen den Steinen durch, krochen die Hecken entlang, schlängelten sich durch das Gras und blieben, wie durch eine übernatürliche Kraft besiegt, müde und unbeweglich zu Füßen des Meisters liegen. Immer mehr kamen angekrochen, kleine und große, dicke und dünne, in allen Farben schillerten sie, und die gespenstische Prozession wollte kein Ende nehmen.

Schon wandte sich der Hexer triumphierend der Menge zu, da erschien die gefürchtete weiße Schlange, die Königin dieses eklen Gewürms. Mit zornsprühenden Augen bannte sie den Zauberer fest an seinen Platz und kam in schnellen Windungen auf ihn zu. Vergebens strengte der Mann alle seine Sinne an, umsonst raffte er seine letzte Kraft zusammen. Gegen die lähmende Gewalt dieses Reptils war sein Zauber machtlos. Regungslos stand er da und sah dem sicheren Tod ins Auge. Als die Schlange ihn erreicht hatte, stieß sie einen zischenden Laut aus, der allen das Blut in den Adern erstarren ließ. Dann umschlang sie den Mann mit eiserner Kraft, und unter dem Druck ihres Körpers hauchte der Hexenmeister qualvoll sein Leben aus.

Voll Grauen flohen die Menschen von dem unheilvollen Ort, an dem sich die Schlangen allmählich wieder zu regen begannen. Eine nach der anderen kam in Bewegung und wandte sich dem Turme zu. Im Morgengrauen kamen einige mutige Männer zu dem toten Hexenmeister zurück und begruben ihn an der Friedhofsmauer. Die weiße Schlange aber war verschwunden und wurde nicht mehr gesehen.

Frau Christine, die harte Herzogin von Piemont

Über Savoyen und Piemont herrschte einst die Witwe Viktor Amadeus' I., eine schöne, aber ruhelose Fürstin, die im Volk einfach Frau Christine genannt wurde. In der Überlieferung schwankt das Bild dieser Frau, die einmal als gütig und milde bezeichnet wird, ein anderes Mal als eitel und verdorben. Die Bürger von Pianezza wissen über diese Herrscherin eine sehr dramatische Sage zu erzählen:

Frau Christine soll während ihrer Regierungszeit so viele Verbrechen begangen haben, daß ihre Untertanen der Greuelherrschaft überdrüssig wurden und den Tod der grausamen Tyrannin beschlossen.

Sie dachten sich eine furchtbare Strafe aus. Christinens Knechte wurden bestochen, die Pferde, die gewöhnlich vor die Kutsche ihrer Herrin gespannt wurden, einige Tage hindurch nicht zur Tränke zu führen. Die edlen Tiere, welche bis dahin auf das beste gepflegt worden waren, machte der Durst rasend. Eines Abends wollte die Fürstin noch ausfahren, und die Pferde sollten eingespannt werden. Sie waren kaum zu bändigen, und die Stallburschen hatten alle Mühe, die tänzelnden, wiehernden und schnaubenden Rosse vor den Wagen zu spannen.

Kaum hatten Frau Christine und ihre Diener die Kutsche bestiegen, als die Pferde in wildem Galopp davonrasten. Der Kutscher und die treulosen Knechte wußten um die große Gefahr und sprangen noch rechtzeitig ab.

Das leichte Gefährt jagte mit der Herzogin davon. In ihrem qualvollen Durst stürmten die Pferde querfeldein über Wiesen und Felder, setzten blitzschnell über Hecken und Gräben und rasten durch die Weinberge, immer Frau Christine und die hüpfende, hin und her schwankende Kutsche mit sich ziehend.

Die Herzogin war eine mutige Frau, aber so sehr sie sich auch anstrengte, es gelang ihr nicht, der wild gewordenen Tiere Herr zu werden. Die Zügel waren ihren bebenden Händen entglitten, und sie hatte nur noch den Tod vor Augen.

Durch Pianezza ging die rasende Fahrt, die steil abfallende Straße Maria Bricca hinab und hinunter gegen die aus dem Susatal brausende Dora. Eine Strecke weit jagten die Tiere noch dahin, bis sie sich samt dem Wagen in das eisige Wasser des hochgehenden Gebirgsflusses stürzten.

Niemand weiß heute genau, wie und wo Frau Christine um das Leben kam. Die ältesten Einwohner von Pianezza erinnern sich noch, daß in finsteren Nächten die Kutsche der Herzogin als feuriger Karren die steile Straße in rasender Fahrt hinabjagte, und wo sie vorüberkam, flammte ein heller Schein auf.

Mer de Glace — Das Strafgericht

Unter dem grünblauen Eis des Mer de Glace, das in der Sonne glitzert und blendet, sollen sich in uralten Zeiten blühende Weideflächen ausgebreitet haben. Die Leute erzählen, dort sei früher ein fruchtbares Hochtal mit saftigen, grünen Wiesen und großen Rinderherden gewesen. In den Ställen stand das Vieh dichtgedrängt, und die Kühe gaben Milch in Fülle.

Die Bauern des oberen Chamonix lebten damals im Überfluß, doch ihre Habsucht und ihr Geiz waren schon sprichwörtlich. Kein Bettler erhielt je ein Stück Brot, und kein müder Wanderer durfte in den vollen Heuböden übernachten. Die vom Glück so begünstigten Menschen waren gleichgültig gegen die Not ihrer armen Brüder geworden. Deshalb wollte Gott sie strafen.

Doch vorher sandte er einen Engel auf die Erde herab, um die hartherzigen Bauern noch einmal auf die Probe zu stellen. Er wollte ihnen Gelegenheit geben, ein gutes Werk zu tun. Der Sendbote des Himmels verbarg seine göttliche Schönheit in dem abgezehrten, müden Leib eines Bettlers, und niemand konnte in diesem armseligen Alten einen Gesandten Gottes vermuten.

So wanderte er durch die Dörfer und Weiler, von Hof zu Hof, von Hütte zu Hütte. Überall klopfte er an, überall bat und flehte er um ein Stückchen Brot und um eine bescheidene Nachtherberge, aber niemand erbarmte sich seiner. Herzlos wurde er von jeder Schwelle gewiesen.

Da stand der Bettler vor dem letzten Haus. Er hatte noch nicht einmal seine Bitte ausgesprochen, als ihn schon der Bauer anschrie, er solle sich zum Teufel scheren. Hinter dem zornwütigen Mann tauchte ein kleines Mädchen auf, das den armen Alten schon lange durch das Fenster beobachtet hatte, wie er langsam zum Hof heraufstieg. Da war es schnell zum Tisch gesprungen, hatte ein Stück Brot vom Teller genommen und in der Schürze versteckt. Es lachte den Bettler freundlich an, schlüpfte flink unter der drohend ausgestreckten Hand des schimpfenden Vaters hinaus ins Freie und steckte dem Armen unbemerkt seine Gabe zu.

Da geschah ein Wunder. Nur dem Kinde sichtbar, verwandelte sich der Greis vor den staunenden Augen des Mädchens in seine wahre Gestalt. In strahlender Schönheit stand der Himmelsbote vor dem erschrockenen Kind und sprach:

„Beeile dich, hol dir, was du am liebsten hast, und flieh! Sprich zu niemandem. Dein Zögern wird die anderen nicht retten, aber dich würde es mit ihnen verderben, denn ein Fluch lastet auf diesem Tal und seinen Unmenschen!"

Das Mädchen gehorchte dem Engel augenblicklich und holte seinen Spinnrocken. Er war das einzige, was ihm gehörte. Während das Kind eilends talwärts lief, überzog sich der eben noch blaue Himmel plötzlich mit schwefelgelben und bleigrauen Wolken, aus denen grelle Blitze zuckten. Ein Sturm kam

auf, und es wurde unheimlich finster. Der Tag hatte sich in dunkelste Nacht verwandelt, gewaltige Sturmböen brausten, Donnerschläge ließen die Erde erbeben und hallten dröhnend von den Felsen wider. Das verängstigte Mädchen hörte durch das Sturmgeheul ein Prasseln und Klirren wie von großen Eiskörnern, aber es sah sich nicht um und eilte weiter, damit es aus dem Chaos der entfesselten Naturgewalten herauskomme.

Allmählich legte sich das Unwetter, und als die Sonne wieder durch die Wolken brach und ihre wärmenden Strahlen in das Hochtal sandte, da wagte es das Kind erst, zurückzublicken. Doch was sah es da! Vor seinen vor Schreck erstarrten Augen lag das Mer de Glace, das alles Lebendige, Mensch und Tier, Blumen und Gras, begraben hatte. Da weinte das verlassene Mädchen bitterlich, die Tränen strömten ihm über die Wangen, hatte es doch alles verloren und stand nun ganz allein in der Welt.

Der Engel aber, der das barmherzige Kind vor dem Strafgericht Gottes gewarnt und verschont hatte, gab ihm auch die Kraft, sein hartes Schicksal zu tragen. Die Kleine raffte sich aus ihrer Verzweiflung auf. Sie trocknete die Tränen und dankte Gott für ihre wunderbare Rettung. Dann setzte sie mit dem Spinnrocken unter dem Arm tapfer ihren Weg fort auf der Suche nach einer neuen Heimat.

Die Weitmoser

In Böckstein, am Ende des Gasteiner Tales, konnte man vor einigen Jahren noch die Überreste des Pochwerkes sehen, das einst zum Goldbergbau auf dem Radhausberg benützt wurde. Feine Goldblättchen liegen dort zwischen hartem Quarz gebettet, der sich am Berghang nahe den Felsen hinzieht. Doch der Goldsegen war versiegt, und das Bergwerk ist heute verfallen.

Erasmus Weitmoser war der Stammvater eines angesehenen Geschlechtes, das im 16. Jahrhundert in Hofgastein seinen Wohnsitz hatte. Er war fest davon überzeugt, daß im Radhausberg und im benachbarten Rauriser Tal Gold und Silber zu finden seien.

Unermüdlich schürfte er nach den kostbaren Metallen, doch blieb alle seine Mühe vergeblich. Die Knappen arbeiteten sich tief in die Felsen hinein, bauten Stollen und Gänge aus, aber sie förderten nur taubes Gestein zutage.

Bald waren die Mittel des Erasmus Weitmoser erschöpft, und er stand mit seiner Familie vor dem Nichts. Seine Gattin verkaufte ihr kostbarstes Gut, ihren Brautschleier, um mit dem Erlös die Familie eine Zeitlang zu erhalten.

Die Geschichte von dem Schleier verbreitete sich im Tal und kam schließlich dem Erzbischof von Salzburg zu Ohren. Sein Interesse war erwacht, er ließ Erasmus Weitmoser zu sich rufen und unterhielt sich lange mit dem fleißigen, tatkräftigen Mann. Endlich lieh er ihm eine große Summe Geldes, um sein Werk zum Erfolg zu führen.

Nun wurde wieder in den Stollen gearbeitet, und eines Tages stießen die Knappen auf die erste ergiebige Goldader. Immer neue Gänge wurden erschlossen, und bald war Erasmus der reichste Mann des Tales.

Sein Sohn Christoph wurde noch wohlhabender als der Vater. Sogar Fürsten warben um seine Freundschaft, und die Blüte des Adels wetteiferte um die Gunst seiner Töchter. Die Gattin des Christoph Weitmoser war überaus schön und vornehm, doch ihr Herz glich einem kalten Stein.

Kostbar gekleidet und mit Gold und Edelsteinen reich geschmückt, schritt sie stets einher, und eine Anzahl Schlösser und Höfe nannte sie ihr eigen. Jeder grüßte voll Untertänigkeit die stolze Frau, wenn sie auf ihrem schneeweißen Roß durch das Tal sprengte.

Eines Tages war sie wieder unterwegs. Sie ritt auf schmalem Pfad durch die Klamm. Eng waren die nassen, kalten Felswände zusammengerückt, und tief unten brauste und schäumte die Gasteiner Ache.

Da saß ein armes altes Weib am Wegrand und hob bittend die abgezehrten Hände zu der reichen Frau empor. Doch voll Verachtung blickte die Weitmoserin auf sie herab: „Mach Platz, du freche Bettlerin!" herrschte sie die Alte an.

Unwillig erhob sich die arme Frau von dem Stein, auf dem sie sich, ermüdet vom beschwerlichen Weg, niedergelassen hatte. Ihre Augen richteten sich starr und zornfunkelnd auf die hochmütige Reiterin: „Heute stolzierst du noch in Glanz und Pracht", rief sie drohend und ballte die knochigen Hände, „doch nur der Herr im Himmel weiß, ob nicht auch du morgen betteln gehen mußt!"

Da lachte die Weitmoserin gellend auf und zog einen kostbaren Ring vom Finger: „Ich und betteln? So wenig wie dieser Ring, den ich jetzt in die Ache werfe, je wieder zum Vorschein kommen wird, so wenig wird dein Fluch, du Elende, in Erfüllung gehen!"

Und in weitem Bogen schleuderte sie das Kleinod in das eisige Wasser, das wild und dunkel talwärts tobte und am Ende der Klamm als tosender Wasserfall in weißen Schaum zerstob.

Im Weitmoserhof wurde anderen Tages ein Fest gefeiert. Die Freunde des mächtigen Bergherrn Christoph waren alle zu Tisch geladen. In dem vertäfelten Saal wimmelte es von reichgekleideten Männern und Frauen, gedämpftes Stimmengewirr und helles Lachen erfüllten den Raum.

Auf einer Empore spielten Musikanten, die Diener eilten hin und her, auf Silberplatten wurden köstliche Gerichte hereingetragen, und in kristallenen Pokalen schimmerte der edle Wein.

Da plötzlich kam ein Koch in den Saal gestürzt. Ein Fischer des Tales hatte ihm heute früh eine große Forelle gebracht, und als er sie eben ausnehmen und zubereiten wollte, fand er in dem Bauch des Fisches den kostbaren Ring seiner Gebieterin.

Voll Staunen richteten sich aller Augen auf die Gastgeberin. Die stolze Frau aber war kreidebleich geworden, zitternd streckte sie die Hand nach dem Ring aus, den der Koch ihr mit tiefer Verbeugung überreichte. Ihr gegenüber hing ein Spiegel aus venezianischem Glas. Verstört schaute sie hinein, doch das Bild, das er zurückwarf, war ihr völlig fremd. Hochmut und Kälte waren aus dem schönen Antlitz verschwunden, und aus den Augen blickte die nackte Angst.

Von diesem Tage an begann tatsächlich das Glück der Weitmoser zu schwinden. Es fanden sich keine Gold- und Silbergänge mehr, Schächte stürzten ein, schlagende Wetter und Wildwasser bedrohten das Leben der Knappen. Der Reichtum zerrann, und mit ihm schwand die Macht des Bergherrn.

Nur noch Schlösser und Grabmäler sind heute die stummen Zeugen des längst verschwundenen Wohlstandes. Die Sage aber hat das Andenken an dieses reiche Geschlecht und an den Fluch der Bettlerin lebendig erhalten.

Die Entdeckung des Wildbades Gastein

Im siebenten Jahrhundert, als der heilige Ruprecht der erste Bischof von Salzburg war, lebten zwei fromme Einsiedler, Primus und Felizian mit Namen, in dem noch unbesiedelten Gasteiner Tal. Sie hatten sich am Badberg, hart an den Felsen, ihre Hütte gebaut. In strenger Abgeschiedenheit widmeten sie sich dem Gebet und führten ein einfaches, gottesfürchtiges Leben.

Oft wanderten sie durch das enge Tal mit seinen Felsenschluchten und der wildschäumenden Ache hinaus in das offene Land. Sie halfen den Menschen, wo sie konnten, und versuchten vorsichtig, die neue Glaubenslehre zu verbreiten.

Eines Tages stieg ein Jäger vom Schloß Goldegg aus in das Gebirge. Es war noch früh am Morgen. Er hatte gerade die Waldgrenze erreicht, da schlugen die Hunde an. Sie hatten einen Edelhirsch aufgespürt. Dem Weidmann lachte das Herz, als er das herrliche Wild erblickte. Er zielte mit seiner Armbrust, der Pfeil schwirrte von der Sehne und traf — aber nicht tödlich. Das starke, schwerverwundete Tier konnte noch entkommen.

Bald war es den wachsamen Augen des Verfolgers im Dickicht und unwegsamen Unterholz entschwunden. Doch der Jäger gab seine Beute nicht so leicht auf. Mühsam folgte er der Fährte des angeschossenen Wildes. Immer von seinen Hunden begleitet, bahnte er sich mit dem Hirschfänger einen Weg. Dichtes Gehölz hielt ihn auf, Schluchten und reißende Bergwasser mußten umgangen oder überbrückt werden.

Da stiegen plötzlich aus felsiger Vertiefung Dämpfe auf. Eng stand der Wald ringsum, und die Sonnenstrahlen rieselten golden durch das Gezweig der Tannen und brachen sich tausendfach in dem Dunst, der über dem heißen Wasser lagerte.

Ein leichter Wind blies die Dampfschwaden auseinander — da sah der Goldegger den verwundeten Hirsch auf dem weichen Moospolster einer kleinen Lichtung neben der Quelle liegen. Aus einer tiefen Wunde rieselte das Blut. Zwei ehrwürdige Männer reinigten sie mit dem dampfenden Wasser und gaben dem Tier auch davon zu trinken.

Wieder legte der Jäger die Armbrust an, bereit, dem todwunden Tier den Gnadenschuß zu geben. Da sahen die Einsiedler auf. Blitzschnell erhoben sie sich und eilten auf den Weidmann zu. Sie baten ihn eindringlich, das edle Tier zu schonen. Unwillig gehorchte der Mann und meinte, der Hirsch müsse ja doch sterben, seine Wunde sei zu schwer. Die Klausner aber belehrten ihn eines Besseren.

Sie luden ihn ein, in ihre Hütte zu kommen, und erzählten ihm von der wunderbaren Heilkraft der Quelle. Viele kranke und wunde Tiere hätten sie schon mit dem heißen Wasser gesundgepflegt.

Bald konnte sich der Jäger mit eigenen Augen von der Wahrheit dieser Worte

überzeugen. Die guten Männer gaben ihm von ihren bescheidenen Vorräten zu essen und zu trinken und machten in langen Gesprächen und Erzählungen ihren aufmerksam lauschenden Gast auch mit der neuen christlichen Lehre bekannt. Als der Weidmann, von den Segenswünschen der Einsiedler begleitet, wieder in den Wald hineinschritt, hatte der Hirsch sich erholt, seine Augen blickten frisch und gesund, und die Wunde war vernarbt. Ein Wunder schien geschehen zu sein.

Eilig ging der Jäger auf Schloß Goldegg zu. Am Himmel leuchteten schon die Sterne, als er endlich im Schloßhof ankam. Seine Freunde, die sich um den Kamin im großen Saal versammelt hatten, waren in Sorge um den waghalsigen jungen Mann gewesen, den seine Jagdleidenschaft vielleicht zu hoch auf die gefahrvollen Berge gelockt hatte.

Doch nun stand er vor ihnen, frisch und gesund, aber ohne Beute. Wie horchten die Männer auf, als der Jüngling ihnen von den Erlebnissen dieses ereignisreichen Tages berichtete. Alle drängten sich um ihn, und Fragen und Antworten schwirrten hin und her.

Nicht lange darauf hatte sich die Kunde von den warmen Quellen des Gasteiner Tales weit im Land verbreitet, und unzählbar sind seit damals die Kranken und Leidenden, die zu dem heilsamen Wasser pilgern, um neue Kraft und Gesundheit zu gewinnen.

Die vier Musikanten im Untersberg

Vier junge Tiroler Musikanten befanden sich an einem schönen Spätsommertag des Jahres 1661 auf der Wanderschaft nach Oberösterreich. Sie zogen fröhlich auf der Landstraße dahin, und wenn sie Hunger und Durst hatten, gingen sie einfach zum nächsten Bauernhof, klopften an und spielten den Leuten ihre lustigen Lieder vor.

Das glückliche Kleeblatt wurde nirgends abgewiesen. Überall bekamen sie zu essen und zu trinken, und eine Schlafstelle im Heu fand sich auch. Am besten erging es ihnen, wenn sie gerade zu einer Hochzeit oder Kirchweih zurechtkamen, da ließen sie ihre Instrumente mit besonderer Kunst und Freude erklingen und spielten oft bis tief in die Nacht hinein.

So kamen sie eines Nachmittags nach Niederalm, von wo aus man schon den mächtigen Umriß des Untersberges sehen kann. Sie hatten schon viel von den Sagen und Wundern dieses Berges gehört, und Paul, der älteste und verwegenste der Wanderburschen, machte plötzlich seinen Freunden einen überraschenden Vorschlag:

„Habt ihr soviel Schneid, mit mir um Mitternacht auf den Untersberg zu gehen und dem Kaiser Rotbart ein Ständchen zu bringen? Vielleicht fällt dabei von seinen unermeßlichen Schätzen auch etwas für uns ab, und wir kämen dann als reiche Herren nach Hause."

Robert, der Jüngste, hatte Angst. Er wollte von so einem gottlosen Unternehmen nichts wissen, schließlich wurde er aber von den anderen lachend überstimmt. Es half ihm kein Sträuben, und sie schleppten ihn fast mit Gewalt spätnachts auf den Berg.

Die übermütige Gesellschaft war schon ziemlich hoch hinaufgekommen, als die Kirchturmuhr im Tal den letzten mitternächtlichen Schlag tat. Die Musikanten blieben stehen, packten ihre Instrumente aus und begannen zu spielen.

Da stand plötzlich ein wunderschönes, blondes Mädchen, in reiche, altertümliche Tracht gekleidet, vor ihnen und lud die Burschen freundlich ein, ihr in den Berg zu folgen und ihrem Vater Friedrich Barbarossa und seinem Hofstaat aufzuspielen. Verdutzt sahen sich die vier Tiroler an, aber dann packten sie die Neugier und die Abenteuerlust, und stillschweigend folgten sie der lieblichen Prinzessin, die sie auf kürzestem Wege in das Innere des Berges brachte.

Die Burschen wußten kaum, wie ihnen geschah, als sie sich plötzlich in einem riesigen, hell erleuchteten Saal befanden, dessen Glanz und Pracht fast ihre Augen blendeten. Umgeben von einem Heer winzig kleiner, vornehm gekleideter Herren thronte da Kaiser Barbarossa in der Mitte des Saales. Die Prinzessin winkte den Musikanten, und sie begannen zu spielen.

Anfangs zitterten ihnen wohl die Hände. Vor so edler Gesellschaft hatten sie noch nie musiziert. Allmählich aber gewannen sie ihre Sicherheit zurück, und

hell und fröhlich erklangen ihre Weisen im Berg. Als sie geendet hatten, nickte ihnen der Kaiser gnädig zu, und auch die Herren des Hofes klatschten ihnen Beifall.

Die beherzten jungen Männer wurden nun an eine reichgedeckte Tafel geführt, Pagen brachten mächtige Platten und Kannen und legten vor und schenkten ein. Die Burschen aßen und tranken nach Herzenslust. Nach beendigter Mahlzeit spielten sie noch lange vor dem Kaiser und seinem Hofstaat, und alle freuten sich über die flotten Tänze und die frischen, lustigen Lieder, welche die Musikanten zum besten gaben.

Aber einmal hat auch die schönste Vorstellung ein Ende, und die Tiroler packten ihre Instrumente ein. Sie verneigten sich ehrfürchtig vor dem greisen Herrscher, und dann wurden sie von einem kleinen Diener wieder ans Tageslicht geführt.

Sie dachten nun, daß jetzt wohl die große Belohnung kommen würde. Aber wie ehrlich erstaunt und enttäuscht waren sie, als jeder von ihnen nur einen grünen Zweig bekam. Doch als sie etwas sagen wollten, war ihr Begleiter schon verschwunden. Voll Zorn und Ärger warfen die drei Älteren das wertlose Zeug weg — nur Robert, der Jüngste, behielt es. Sorgfältig hob er es auf, zum Andenken an das seltsame Erlebnis im Berge.

Als er wieder daheim war bei seiner jungen Frau, überreichte er ihr lächelnd den Zweig, der noch immer unverwelkt und grün war, und erzählte ihr ausführlich von seiner abenteuerlichen Fahrt. Während er sprach, wurde der Zweig in den Händen der Frau immer schwerer, und sie mußte sich niedersetzen, weil sie ihn kaum noch halten konnte. Aber wie staunten die jungen Eheleute, als es plötzlich in ihrer armseligen kleinen Hütte zu glitzern und zu funkeln begann.

Die zarten Verästelungen des Zweiges hatten sich in reines Silber verwandelt, die grünen Blätter aber waren jetzt pures Gold. Da war die Freude groß. Robert konnte einen schönen Bauernhof kaufen und mit Frau und Kindern ein sorgenfreies, glückliches Leben führen.

Seine drei Freunde sahen ein, welche Dummheit sie begingen, als sie das bescheidene Geschenk so achtlos fortgeworfen hatten. Aber die Reue kam zu spät. Sie wagten sich nie mehr auf den Untersberg zurück.

Das Glück des Hirtenknaben

Vor längst vergangener Zeit ließ ein junger Hirte am Fuß des Untersberges seine Herde weiden. Die Kühe lagen friedlich wiederkäuend im Schatten dichter Laubbäume. Glühend brannte die Sonne. Es war Mittagszeit, und der Knabe saß im weichen Gras und verzehrte sein bescheidenes Mahl. Dann legte er sich auf den Rücken, verschränkte die Arme unter dem Kopf und schaute traumverloren in den Himmel, den Wolken nach, die daunenleicht und schnell durch die sonnige Bläue glitten. Gar vieles ging ihm so durch den Sinn.

Seine Gedanken verweilten bei den Wundern und Sagen des Untersberges, die ihm seine Mutter erzählt hatte. Mit lebhafter Phantasie stellte er sich den unterirdischen Saal des Berges vor, darin Kaiser Karl mit seinen Getreuen weilen sollte. Im Halbschlaf erlebte er die Schrecken der Wilden Jagd, die in den Rauhnächten gespenstisch durch die Wälder tobte.

Der Hirte schlief endlich ein, doch auch im Traum sah er weiter die Bilder, mit denen er sich so viel beschäftigte: Der uralte, verdorrte Birnbaum auf dem Walserfeld hatte sich wieder mit Blüten bedeckt, und der Kaiser brach mit seinen Rittern und großem Gefolge aus dem Untersberg hervor, um eine blutige Entscheidungsschlacht zu schlagen. Furchtbar tobte der Kampf, aus dem endlich Karl der Große als Sieger hervorging.

Als der Knabe erwachte, sah er zuerst nach seinen Kühen. Einige grasten, und andere lagen wiederkäuend im Schatten. Nachdem er das Vieh sorgfältig gezählt hatte, stieg er beruhigt in seinen geliebten Wald hinauf. Hier war es immer dämmerig und kühl. Ab und zu glitten ein paar Sonnenstrahlen durch die dichten Zweige der Tannen. Der Bauernbub kletterte fröhlich über bemooste Steine und mächtige Wurzeln, er suchte nach Beeren und Schwämmen und kam dabei immer tiefer in den Wald, der die steilen Abhänge des Untersberges dunkel bedeckte.

Plötzlich stand wie aus dem Boden gewachsen ein Zwerg vor ihm. Zerfurcht und runzelig war sein Gesicht, und sein langer, grauer Bart ging ihm bis über das gegurtete Wams. Zwei freundliche, klare Augen lächelten dem erschrokkenen Buben beruhigend zu: „Willst du mit mir kommen und dem Kaiser eine Frage beantworten?" Der Hirte war so überrascht, daß er nur zustimmend nikken konnte. Zögernd überließ der Junge dem kleinen Berggeist seine Hand zur Führung. Sie mußten lange, lange wandern, und der Weg führte sie über schmale Waldsteige, durch Schluchten und dichtes Unterholz.

Vor einer steilen Bergwand machten sie halt. Der Zwerg nahm einen kleinen Silberhammer aus seinem Gürtel und pochte damit an das Felsentor.

Langsam, unter donnerähnlichem Dröhnen, öffnete sich der Berg. Der Knabe schritt mit seinem Begleiter durch die hallenden Gänge, von deren dunklen

Wänden sanftes Licht schimmerte. Auf einmal weitete sich die enge Höhle zu einem überaus prächtigen Saal. Geblendet von dem strahlenden Glanz schloß der Hirte die Augen. Aber dann trieb den Bauernjungen doch die Neugier, und er sah, daß alles noch weit schöner war, als er es sich vorgestellt hatte.

Er blickte zur Decke auf, die ganz aus Rosenquarz war und von vielen mächtigen Säulen getragen wurde. Das rosige Licht, das den Saal erhellte, spielte über die Wände aus reinem Silber. Vor einem runden Marmortisch saß Karl der Große in tiefem Schlaf. Auf dem schneeweißen Haupt trug er eine goldene, edelsteinglitzernde Krone, und ein goldenes Zepter ruhte in seiner Hand. Sein langer, grauer Bart war schon zweimal um den Tisch gewachsen.

Rings um den Kaiser saßen die Fürsten und Ritter und alle Edlen des Reiches in funkelnden Rüstungen. Aber auch sie schliefen und schienen leblos und starr wie Stein.

Mit großen Augen nahm der Knabe diese Wunderwelt in sich auf. Noch nie in seinem Leben hatte der kleine Hirte solche Herrlichkeit, so viel Glanz und Reichtum gesehen. Verschüchtert drehte er seinen abgeschabten Hut in den Händen und machte dann eine linkische Verbeugung vor dem Herrscher. Da hob dieser langsam das Haupt. Ernst ruhten seine Augen auf dem frischen Bauernbuben, und er fragte ihn freundlich: „Sag mir, Kind, fliegen die Raben noch immer um den Berg?" Der Hirte antwortete: „Ja, mein Kaiser, sie fliegen noch, wie sie immer geflogen sind."

Mit einem leisen Wehruf sank der Kaiser wieder in sich zusammen: „So muß ich weiterschlafen noch hundert Jahr'." Auch die Ritter und Edelleute, die voll Hoffnung aufgeblickt hatten, verfielen mit ihrem Herrscher wieder in den totenähnlichen Schlaf. Ein Schauer des Mitleids überlief den Knaben, und er war froh, als ihn der Zwerg durch die Reihen versteinerter Wächter wieder hinausführte bis zur Felsenpforte.

Wieder ertönte das Donnergrollen, und der Junge erblickte durch das offene Tor den Wald, der in den letzten Strahlen der untergehenden Sonne noch golden aufleuchtete.

Der Zwerg beschenkte den Hirtenknaben reichlich und zeigte ihm den Weg zurück zu seiner Herde.

Als die Abendglocken läuteten, war der Bub wieder im Tal. Er brachte seine Kühe heim und zeigte den Eltern überglücklich seine Schätze. Auf dem Gold des Zwerges lag ein Segen, und der Hirte konnte mit den Seinen von nun an ein sorgenfreies Leben führen.

Der Teufelsstein im Rosental

Papst Honorius III. hatte zum fünften Kreuzzug aufgerufen, und Tausende von Christen waren diesem Ruf gefolgt. Mit ihnen zog auch der Ritter Diether von Friedburg, ein tapferer und wilder Kämpfer.

Es war jedoch nicht heiliger Eifer für die Rechte des Christentums, auch das Heil seiner Seele hatte ihn nicht veranlaßt, in den Kampf zu ziehen, sondern einzig und allein die Hoffnung auf reiche Beute, um sein halbverfallenes Schloß im Pinzgau, am Eingang in das schöne Rosental, wieder instand zu setzen und seine drängenden Gläubiger zu bezahlen.

Der vorzeitige Friedensschluß mit dem Sultan al Kamel hatte ihn leider um diese Hoffnung betrogen, und so zog er ärmer als zuvor wieder der Heimat zu.

Diether ritt das Salzachtal entlang, und etwa eine Meile vor dem Dörfchen Wald bog er von der Hauptstraße ab. Die Nacht war schon hereingebrochen, und von der Hieburg, die seinem Schloß benachbart war, blinkten hell erleuchtete Fenster einladend in das Tal herab. Er hielt dies für ein freundliches Zeichen des Schicksals, und da er wenig Lust verspürte, in seinem Heim zu nächtigen, beschloß er, bei seinem Nachbarn anzupochen.

Gastfreundlich wurde er von dem Schloßherrn aufgenommen, und die Stunden der Nacht verflogen in angeregten Gesprächen und mit Erzählungen aus dem Heiligen Land. Am Morgen wollte Diether aufbrechen, doch sein Gastgeber nötigte ihn, noch einige Tage zu bleiben und sich bei ihm von den Strapazen der weiten Reise auszuruhen. Der Ritter folgte dieser Aufforderung nur zu gerne. Er hatte schon tief in die schönen Augen Judiths, der Tochter des Hieburgers, geschaut.

Auch das Mädchen war nicht unempfänglich für das Liebeswerben des stattlichen Mannes, und als er nach einigen Tagen den Schloßherrn um die Hand seiner Tochter bat, hatte er schon das Jawort der Jungfrau.

Doch der Vater, dem die zerrütteten Vermögensverhältnisse des jungen Ritters bekannt waren, zögerte, sich klar zu entscheiden. Er wies den Freier nicht gerade ab, aber er bat ihn, noch einige Jahre zu warten, bis Judith vierundzwanzig Jahre alt sei. Auch solle er trachten, sein Besitztum zu vergrößern und seine Schulden zu tilgen, sonst könne er ihm die Tochter nicht zur Frau geben.

Traurig verließ der Kreuzritter die gastliche Burg. Die Trennung von der lieblichen Judith lastete schwer auf seinem Herzen, und die Aussichten, die junge Hieburgerin jemals zur Frau zu gewinnen, waren gering. Woher sollte er das Geld nehmen, um sein Schloß instand zu setzen und die Gläubiger zufriedenzustellen? Seine Lage war trostlos.

Da begann Friedrich II. einen Krieg gegen die Städte der Lombardei, und Diether folgte freudig den kaiserlichen Fahnen. Padua wurde erobert. Das Glück war dem Friedburger hold, und er holte sich reiche Beute. Mit Schätzen beladen, kehrte er in die Heimat zurück. Nun war er froh und glücklich, denn endlich sollte das geliebte Mädchen sein werden.

Der erste Weg führte ihn auf die Hieburg, doch wie schwer war seine Enttäuschung, als er hörte, daß Judith inzwischen die Braut des Ritters Konrad von Velben geworden war, der jahrelang um die Gunst der Schönen geworben hatte. Der Zorn und die Eifersucht des unglücklich Verliebten waren grenzenlos. Haß und Rache verdüsterten seinen Sinn, und er sagte dem Hieburger die Fehde an.

Mit dem Geld, das er in Italien erbeutet hatte, warb er Söldner und zog mit ihnen vor die Burg seines Feindes. Mit Waffengewalt wollte er sich nun erzwingen, was ihm ein widriges Schicksal verweigert hatte. Doch jeder Angriff scheiterte an dem Mut der tapferen Schloßbesatzung.

Endlich schien Diether seinem Ziel nahe zu sein. In finsterer Nacht waren seine Söldner in den Schloßhof eingedrungen und hatten die kampfmüden Männer im Schlaf überrumpelt. Da ertönten von der Straße her Trompetensignale. Konrad von Velben war es mit seinen Leuten, die zum Entsatz herbeigeeilt waren.

Nun war der Friedburger in der Zange. Die Verteidiger der Hieburg hatten durch die unverhoffte Hilfe neuen Mut gefaßt, und Diether mußte bald besiegt den Kampf aufgeben und das Feld räumen.

Nachdem er seine Söldner bezahlt und entlassen hatte, hauste er mit ein paar Dienstleuten wieder in der halbverfallenen Burg. Die rasch gewonnenen Reichtümer waren durch seine Fehde in Nichts zerronnen. Alle Mühe war umsonst gewesen, doch seine Gedanken konnten sich von dem schönen Mädchen nicht losreißen, das er so lange vergebens geliebt und begehrt hatte.

Hoffnungslos und finstere Rachepläne brütend, saß der Friedburger im Ahnensaal seines Schlosses. Da wurde ihm ein Gast gemeldet, ein welscher Ritter, Della Branca mit Namen. Die Türe flog wie von selber auf und ein hochgewachsener Mann kam auf ihn zu. Der war ganz in schwarzen Samt gekleidet, von dem hohen Spitzhut wallte eine rote Feder, und in dem schmalen, dunklen Gesicht glühten unruhige grüne Augen.

Della Branca verbeugte sich wortlos und nahm gemessen Platz. Der einsame Burgherr suchte jedwede Gesellschaft, und wenn der Fremdling auch etwas Unheimliches an sich hatte, so waren sie nach einigen Humpen schweren Weines schon so vertraut, daß ihm der verzweifelte Mann seine Leidensgeschichte erzählte und ihm seine Rachepläne mitteilte.

Der schwarze Ritter lauschte aufmerksam. „Mit Gold und Silber kann ich Euch leider nicht dienen", meinte er nachdenklich, und verbindlich setzte er fort: „Wenn Ihr aber jemals andere Hilfe braucht, so kommt um Mitternacht allein in das Rosental und ruft dreimal meinen Namen."

Mit diesen Worten erhob er sich und reichte dem erschrockenen Gastgeber, der nun wohl wußte, mit wem er es zu tun hatte, seine rechte Hand. Sie brannte wie loderndes Feuer. Der schwarze Gast war plötzlich verschwunden, man konnte nicht sagen wie, und leichter Schwefelgeruch lag in der Luft.

Verwirrt blieb Diether im Ahnensaal zurück. Angst und Zweifel kämpften in

ihm, aber zuletzt siegte das Gefühl der Rache. Zudem kam am nächsten Morgen ein Bote mit der Nachricht, daß Judith in drei Tagen Konrad von Velbens Frau werden sollte. Nun hatte er keine Bedenken mehr.

In der Nacht vor dem Hochzeitstag ritt Diether von Friedburg allein in das Rosental. Er band sein Pferd an einen Baum, schritt tief in den Wald hinein und rief dreimal den Namen seines finsteren Gastes.

Della Branca erschien sofort, setzte einen Pakt auf, und der Friedburger besiegelte ihn mit seinem Blut. In dem Augenblick, da Judith und Konrad von Velben das Jawort sprächen, sollten sie und mit ihnen die ganze Burg vernichtet werden. Dafür hatte der Kreuzritter dem Satan seine Seele verschrieben.

Mit Bangen harrte er nun des kommenden Tages. Nachdem er fast betäubt in seinem Schloß angelangt war, wollte er noch ein wenig ruhen, doch schlaflos wälzte er sich auf seinem Lager. Sein ganzes rauhes Leben zog an ihm vorüber. Es war nicht viel Erfreuliches, was er da sah, nur Judiths liebliche Gestalt leuchtete aus all der Düsternis wie ein Stern des Himmels.

Der Morgen brach an, der Mittag kam, und die Stunden des Tages schleppten sich langsam dahin, drückende Hitze lagerte über Wald und Feld. Die Blumen ließen ermattet die Köpfe hängen, und das Vieh stand lustlos im Schatten der Bäume.

Da zogen vom Sulzbachtal schwarze Wetterwolken herauf. In Windeseile kamen sie herangejagt, der Sturm heulte durch die Wälder, daß sich die Tannen ächzend bogen und der Wetterhahn auf dem Turm der Hieburg unablässig kreischte.

Unter züngelnden Blitzen und peitschenden Donnerschlägen entlud sich ein Gewitter, das den Tag zur Nacht machte. Inmitten der schweren Wetterwolken schwebte ein ungeheurer Felsblock, wie von unsichtbaren Händen getragen. Fast war er schon über der Hieburg, als die geweihte Glocke der Schloßkapelle ertönte zum Zeichen der vollzogenen Trauung zwischen Judith und Konrad.

Da entglitt die schwere Last den Händen des Teufels, sauste brausend hernieder und zermalmte Diether von Friedburg, der, ungeduldig wartend, in der Nähe des Schlosses lag. Der Satan überlegte nicht lange. Er schnappte die himmelwärts fliehende Seele des erschlagenen Kreuzritters und fuhr triumphierend mit ihr in den brodelnden Höllenschlund.

Der Raubritter von der Schwarzburg

Im niederösterreichischen Alpenvorland erhob sich im fünfzehnten Jahrhundert die Burg des Ritters Ulrich von Schwarzburg. Uneinnehmbar stand sie auf dem steilen Felsen, und nur ein einziger schmaler Steig führte hinauf zu den mächtigen Mauern. So mancher Reisende, dessen Weg an der Schwarzburg vorbeiführte, fiel dem starken, vor nichts zurückschreckenden Raubritter in die Hände. Er metzelte seine Opfer nieder oder warf sie in ein tiefes Verlies, wo sie einen langsamen, qualvollen Tod erlitten.

Ulrich war zwar ein stattlicher junger Mann, sehr klug und begabt, aber voll Hinterlist und Bosheit. Mit Verachtung sah er auf alle Menschen herab. Sie waren ihm nichts weiter als Werkzeuge, die der Verwirklichung seiner Pläne und als willkommene Zielscheiben seines beißenden Spottes dienen sollten.

Jahrelang hatte er schon sein Unwesen in den Bergen, Tälern und Wäldern der Umgebung getrieben. Der Ruf seiner Räubereien hatte sich so weit verbreitet, daß jeder Wanderer, jeder fahrende Kaufmann es vermied, diese Gegend zu durchziehen, um nicht in die Hände dieses Unholds zu fallen. Auch die zahlreichen Adeligen des Landes mußten sich vor ihm hüten. Sie schlossen deshalb untereinander Bündnisse und vereitelten Ulrichs Anschläge vorerst durch erhöhte Wachsamkeit.

Doch der Raubritter sann auf andere Beute. Er änderte seine Taktik, und es gelang ihm, sich unter fremdem Namen, als vornehmer Herr verkleidet, Zutritt zu den Familien reicher Adeliger und Bürger zu verschaffen. Durch seine männliche Schönheit, aber mehr noch durch seine unwiderstehliche Beredsamkeit bezauberte er die jungen, unerfahrenen Mädchen. Und so manche lockte er unter tausend Versprechungen mit ihrem Schmuck in sein Raubnest, wo er die Unglückliche dann ausplünderte und im Kerker verschmachten ließ.

Viele solcher Schandtaten hatte Ulrich schon auf dem Gewissen, als er wieder einmal die Familie eines Grafen besuchte. Sein Sinn stand nach der schönen, einzigen Tochter des Gastgebers. Die Jugend und Frische des Mädchens verlockten ihn diesmal mehr als der Reichtum des Vaters. Es wurde dem erfahrenen Mann nicht schwer, das Herz des arglosen Geschöpfes zu rühren. Der Raubritter erzählte der hübschen Komtesse, daß ihr Vater sie einem kränklichen, alten Mann zur Ehe versprochen habe, und nur die Flucht könne sie vor dieser Verbindung retten. Er beteuerte ihr seine Liebe und versprach, sie zu heiraten, dann wollten sie gemeinsam vor den strengen Vater treten und seine Verzeihung erbitten.

Nachdem Ulrich der Unentschlossenen den Weg zu seiner Waldfestung beschrieben und heimlich den Tag des Wiedersehens festgelegt hatte, verließ er, um keinen Verdacht zu erregen, das gastliche Schloß.

Bald darauf wurden in der Burg des Grafen Vorbereitungen zu einem Fest getroffen, aber niemand konnte der jungen Dame sagen, was gefeiert werden sollte. Dies bestärkte ihren Verdacht auf eine erzwungene Verbindung. Sie kannte die Strenge ihres Vaters, die nicht den leisesten Widerspruch duldete, und entschloß sich endgültig zur Flucht.

Aber ihre Seele war zerrissen, ihr zarter Körper unterlag in dem schweren Kampf zwischen Kindespflicht und Liebe. Das Mädchen wurde krank, und die verabredete Zeit zur Flucht verstrich.

Kaum hatte die junge Gräfin das Krankenlager verlassen, als sie sich zu dem Gnadenbild einer Waldkapelle auf den Weg machte unter dem glaubwürdigen Vorwand, für ihre Genesung zu danken. Mit kleinem Gefolge ritt sie zu dem Gotteshaus. Sie wollte Glück und Segen für ihre gefahrvolle Verbindung erflehen. Während aber die Begleiter vor dem Kirchlein warteten, hatte sie sich durch eine Hintertür entfernt. Auf geheimen Pfaden, die ihr Ulrich genau beschrieben hatte, eilte sie zu seiner Burg.

Mit klopfendem Herzen stieg sie den steilen Weg zu der Feste empor und schritt über die herabgelassene Zugbrücke dem verschlossenen Burgtor zu. Sie klopfte, und ein Zwerg erschien auf der Warte. Die Jungfrau begehrte Einlaß und nannte ihren Namen.

So schnell ihn seine krummen Beine tragen konnten, eilte der Kleine herab, er öffnete die schwere, eisenbeschlagene Türe und beschwor das Mädchen, schleunigst zu fliehen, wenn es nicht den Räubern in die Hände fallen und sein Leben verlieren wolle.

Verwirrt nannte das Fräulein den Namen, den sich der Verführer gegeben hatte, und fragte, ob es denn nicht vor seiner Burg stehe. Der Zwerg sagte ihr in kurzen Worten, daß die Festung das verrufene Raubnest des Schwarzburgers sei. Viele Mädchen wären schon hereingekommen, aber keines hätte noch lebend diese Mauern verlassen. Schon vor Wochen habe sie der Räuber erwartet. Er glaubte sich getäuscht und hatte zornentbrannt Rache geschworen. Jetzt sei er mit seinen Spießgesellen ausgezogen, aber bald würde er wieder zurückkehren.

Eben wollte sich die Unglückselige aufraffen, um zu fliehen — da hörte sie donnernde Hufschläge. Die Räuber sprengten den Berg herauf. Der Zwerg zog sie schnell in das Innere der Burg und zeigte ihr einen verborgenen Gang. Dort solle sie bleiben und warten, bis die Horde die Festung wieder verlassen habe. Voll Angst eilte das Mädchen durch finstere Räume, über steile, enge Treppen, bis es zuletzt in ein Gemach kam, dessen Fenster in eine große Halle hinausging.

Unter viel Geschrei und Gelächter schleppte Ulrich mit seinem Gefolge eine junge Dame in den Saal, die der versteckten Späherin gut bekannt war. Wahrscheinlich hatte er sie auf ähnliche Weise wie sie selbst aus ihrem Vaterhaus gelockt. An einer reichgedeckten Tafel nahmen die Männer Platz. Sie zechten nach Herzenslust und ergötzten sich mit teuflischer Schadenfreude an dem Jammer, an den Bitten und Tränen der Entführten.

Nach einiger Zeit aber erhob sich Ulrich und befahl seinen Leuten, sich für einen neuen Raubzug zu rüsten. Das gefangene Mädchen ließ er seines Schmukkes berauben und in den Kerker werfen. Dann stürmte er mit seiner Räuberbande fort.

Es war eine harte Strafe für die Lauscherin, in dem geliebten Mann einen Betrüger, ja den ärgsten Schurken des Landes erkennen zu müssen. Die junge Gräfin sah, daß die Burg jetzt bewacht wurde und ihre Hoffnung, unbemerkt von hier zu entfliehen, geschwunden war. In diesem Versteck mußte sie entweder verhungern oder verdursten oder sich den Räubern ausliefern, was auch ihren sicheren Tod bedeutet hätte.

In heller Verzweiflung schlich sie fort, sie verirrte sich in den Gängen und gelangte an eine Treppe, deren Stufen in die Tiefe führten. Eine leise Ahnung sagte ihr, dies könnte der Weg der Rettung sein. Finsternis umgab sie und naßkalter, bemooster Fels, wohin ihre tastenden Hände auch griffen.

Nach langer, mühseliger Wanderung erreichte sie einen Ausgang, der in das Dickicht des Forstes führte. Erschöpft von Angst und Aufregung, warf sie sich in das kühle Moos. Sie schloß die Augen und spürte voll Dankbarkeit wieder frische Luft auf ihren Wangen, sie ließ sich von den Strahlen der Sonne durchwärmen, und das Gezwitscher der Vögel erfüllte sie mit neuer Lebensfreude.

Schließlich hatte sie sich so weit erholt, daß sie ihren Weg fortsetzen konnte. Die Sonne versank schon hinter den Bergen, als sie ihr Gefolge erreichte, das noch unter den Bäumen lagerte. Mit Staunen betrachteten die Leute ihre junge Gebieterin, die mit aufgelöstem Haar und bleichem Angesicht aus dem Walde herauskam. Man half ihr auf das Pferd, und in schnellem Trab ging es heim zu dem väterlichen Schloß.

Dort fand das Mädchen einen alten Freund des Grafen, zu dessen Empfang das Fest vorbereitet war. Ihn hatte der Schwarzburger als den aufgedrungenen Bräutigam bezeichnet. Nun bekannte die Tochter dem Vater reumütig ihr Vergehen, sie enthüllte die Geheimnisse der Räuber und erzählte der aufhorchenden Gesellschaft, mit welchen Ränken und Listen Ulrich seine leichtgläubigen Opfer in die Falle lockte.

Der Graf verzieh seinem Kind. Er bot ohne Verzug seine und seiner Freunde Streitkräfte auf und zog vor die Raubritterburg. Während ein Scheinangriff die Mordbuben auf die Mauern lockte, führte das Mädchen die Söldner des Grafen durch den unterirdischen Gang in das Innere der Festung. Ulrich war noch nicht zurück. So wurden seine Knechte leicht überwältigt und sein Räubernest angezündet.

Als der Schwarzburger bei seiner Rückkehr die Flammen auflodern sah, schlich er durch einen Geheimgang zur Burg empor, um furchtbare Rache an seinen Feinden zu nehmen. Doch dieses Mal sollte er sich täuschen. Kaum hatte er das Ende des Ganges erreicht, als die Steingewölbe einstürzten und einen Teil seiner Gesellen unter ihren Trümmern begruben. Die anderen aber waren von ihm getrennt. Er stand allein in der Halle, und die Flammen hatten sie bereits ergriffen. Auch hier war die Decke eingestürzt und mit ihr die Treppe, die aus dem Raum führte. Wut und Verzweiflung erfüllten ihn, er stieß die Fäuste gegen den Himmel, und seine schauerlichen Flüche hallten von den zerstörten Mauern wider.

Da erhellte ein bläulichweißer Schein die nächtliche Finsternis. Gleich einer züngelnden Feuerschlange fuhr ein Blitz aus den dunklen Wolken und traf des Frevlers Haupt. Unter krachenden Donnerschlägen sank Ulrich von Schwarzburg tot zu Boden.

So trafen ihn die Rächer. Viele Gefangene erhielten ihre langersehnte Freiheit wieder, und unermeßliche Schätze kamen an das Tageslicht. Sie wurden ihren rechtmäßigen Besitzern zurückgegeben, soweit diese zu finden waren. Den Rest teilten die Sieger unter sich. Die Festung aber machten sie dem Erdboden gleich.

Der Räuber Ulrich war tot, doch sein Name und seine Taten gingen weiter von Mund zu Mund, von Geschlecht zu Geschlecht. Scheu aber schlich der Wanderer an der Unheilstätte vorüber, wo die Seele des Verdammten im Mondlicht als bleiche Nebelgestalt noch immer ihren höllischen Spuk trieb.

Sigmund von Moosheim

Im Westen des hochgelegenen, waldigen Gebirgsbeckens, das der Lungau genannt wird, steht das sagenumwobene Schloß Moosham.

Sigmund von Moosheim war das einzige Kind eines überaus strengen und tyrannischen Vaters. Als der ängstlich behütete Knabe zum Jüngling herangewachsen war, liebte er es, allein in die Wälder der Umgebung zu reiten und zu jagen. Auf einem dieser Streifzüge kam er auch zu der armseligen Hütte eines Viehhirten. Da er hungrig und durstig war, bat er um ein Stück Brot und um einen Schluck Milch.

Die Tochter des Hirten brachte bald das bescheidene Mahl, stellte es freundlich vor den jungen Mann und setzte sich ihm gegenüber an den Tisch. Sigmund hatte schon manch edle Frau kennengelernt, aber keine konnte es mit der Schönheit und Anmut dieses einfachen Mädchens aufnehmen. Er verweilte lange in der Hütte, und als er bei einbrechender Dämmerung nach Hause ritt, hatte er sein Herz an das Hirtenmädchen verloren.

Der alte Moosheimer wollte seinen Sohn mit der Tochter des Ritters Otto von Saurau vermählen, doch Sigmund widersetzte sich zum ersten Male in seinem Leben ernstlich den Wünschen des Vaters. Seither gab es oft Streit im Schloß. Vater und Sohn entfremdeten sich immer mehr, und Sigmund, der täglich zu seinem Mädchen ritt und es von Tag zu Tag lieber gewann, entschloß sich, seine Erwählte auch ohne Einwilligung des Vaters zu heiraten.

Die Trauung wurde in aller Heimlichkeit vorbereitet. In einer verlassenen Hütte wartete der Priester auf das junge Paar. Er vollzog die heilige Handlung, fügte die Hände der beiden Menschen ineinander und nahm ihnen das Versprechen der Treue, der Liebe und des Gehorsams ab.

Da stürzte ein Bursche, atemlos vom schnellen Lauf, zur Tür herein und rief Sigmund zu, daß sein Vater mit bewaffnetem Troß soeben die Anhöhe herunterreite.

Schnell entschlossen eilte das junge Paar vor das Haus, Sigmund schwang sich auf sein gesatteltes Pferd, hob seine junge Frau zu sich empor und sprengte davon, so schnell er konnte.

Doch der alte Moosheimer blieb ihm mit seinen Leuten auf den Fersen. Da sperrte plötzlich ein gähnender Abgrund den Weg des flüchtenden Paares. Sie konnten weder vor noch zurück. Sigmund wandte sich um und rief dem Heranstürmenden zu: „Haltet ein, mein Vater! Nehmt mich und mein geliebtes Weib in Gnaden auf, oder dieser Abgrund wird unsere letzte Ruhestätte sein!"

„Bei Gott ist Gnade", donnerte der starrköpfige alte Mann, „bei mir suchst du sie vergebens!"

Da riß Sigmund das Roß herum, preßte fest sein Weib an sich und gab dem

Pferd die Sporen. Ein markerschütternder Schrei gellte an die Ohren des Vaters, und als er schaudernd in den Abgrund blickte, lagen Roß und Reiter zerschmettert in der Tiefe.

Der Moosheimer brach zusammen. Die Gefolgsleute, Zeugen des mörderischen Zweikampfes zwischen dem Willen von Vater und Sohn, brachten den schwer getroffenen Mann in das Schloß zurück. Doch die Kraft des starrköpfigen Alten war gebrochen, er siechte dahin, und als die Herbstnebel über Wald und Feldern lagen, erlosch sein Lebenslicht, und sie senkten ihn in das Grab.

Das Hochzeitskreuz im Wolfgangsee

In alten Zeiten stand an den Ufern des Wolfgangsees das stattliche Anwesen der Witwe Marthe. Die Leute munkelten so allerlei — die Marthe stehe mit dem Bösen im Bunde, und es gehe bei ihr nicht mit rechten Dingen zu.

Die Frau hatte ihren schlechten Ruf wohl verdient. Sie war auch ein gefährlich böses Weib, das alle Menschen verachtete und haßte und ihnen, wo sie nur konnte, Schaden zufügte. Trotz ihres Reichtums wurde die Witwe gemieden und gefürchtet, und nur ihre sanfte, schöne Tochter Käthe hing in kindlicher Liebe an ihrer Mutter.

Ein eisigkalter Winter war wieder in das Land gezogen. Er hatte die Berge in weiße Schneemäntel gehüllt und den See mit blaugrünem Eis bedeckt, unter dem die Wasser manchmal dumpf gurgelten und grollten. Die Bäume trugen hohe Schneehauben, und bei dem leisesten Windhauch stäubten die Flocken wie luftige Schleier zur Erde nieder.

Mutter und Tochter saßen in der warmen, holzgetäfelten Stube und nähten und spannen noch voll Eifer, denn in wenigen Tagen sollte Käthes Hochzeit sein. Der angesehene Junker Hans Stollhammer aus St. Gilgen hatte um die Hand des schönen Mädchens angehalten. Seine Liebe mußte wahrhaftig groß sein, wenn er den Mut aufbrachte, eine so bekannt böse Frau als Schwiegermutter in Kauf zu nehmen. Auch von dem Bräutigam wurden die Vorbereitungen zur Hochzeit eifrig betrieben. Seine Boten ritten über Land, um alle Verwandten und Freunde zu dem Fest zu laden.

Da brach in der Nacht vor der Hochzeit in einer Scheune Frau Marthes ein Brand aus, der sich mit Windeseile ausbreitete und in kurzer Zeit Haus und Stall in Schutt und Asche legte.

Schadenfroh waren die Nachbarn herbeigeeilt, und keiner rührte einen Finger, um der verhaßten Frau zu helfen. „Ja", meinte der Schulze, „unrecht Gut gedeihet nicht, wer weiß, wo sie ihren ganzen Reichtum her hatte!" Und der Müller lachte höhnisch: „Das wird wohl der Satan gewesen sein, der Abrechnung mit diesem Teufelsbraten gehalten hat!" Jeder wußte etwas Böses von Marthe zu erzählen, bis sie auf einmal selbst mit versengtem Haar und rußverschmiertem Gesicht auf den rauchenden Trümmern ihres Hauses erschien.

Stolz richtete sie sich auf, wandte ihren zornigen Blick gegen den Himmel und stieß so schreckliche Verwünschungen und Flüche aus, daß sich die Leute bekreuzigten und entsetzt davonliefen.

Die Verwandten, welche tags zuvor gekommen waren, versuchten, die Rasende zu beruhigen und von ihren gotteslästerlichen Reden abzuhalten, die mit letzter Kraft erschöpft ausrief: „Da all mein Hab und Gut ein Raub der Flammen wurde, und ich kein Fleckchen Erde mehr besitze, auf dem ich meiner Tochter

Hochzeitsfest ausrichten könnte, so soll die Eisdecke des Wolfgangsees unser Ballsaal sein!" Trotz der Einwände Käthes und der Verwandten traf sie nun die notwendigen Vorbereitungen für ein Fest auf dem spiegelglatten Eis.

Als Junker Stollhammer kam, um seine Braut zu holen, stand er voll Schrecken vor der rauchenden Ruine des schönen Anwesens. Er beschwor seine zukünftige Schwiegermutter, die Hochzeit zu verschieben, doch Frau Marthe war nicht zu überreden, und so begann der Ball.

An dem felsigen Ufer hatten die Musikanten, die in ihren bunten Trachten aus Golling herübergekommen waren, Aufstellung genommen. Sie spielten lustige Tänze und Reigen, und die Paare wirbelten und glitten über die spiegelnde Eisdecke. Die älteren Leute saßen an der reichgedeckten Tafel, die Marthe in aller Eile errichtet hatte.

Auf dem ungewöhnlichen Festplatz herrschte schon lautes Leben und ausgelassene Fröhlichkeit. Einzig und allein Käthe, die doch der Mittelpunkt sein sollte, war traurig. Der blassen Braut saß der ausgestandene Schrecken der Brandnacht noch immer in den Gliedern, und ihr Bräutigam hielt sich mit ihr, abseits der lauten Menge, in der Nähe des Ufers auf. Bange Ahnungen erfüllten die Herzen der beiden jungen Leute.

„Als meine Mutter auf den Trümmern ihres Hauses die entsetzlichen Verwünschungen ausstieß", sagte Käthe, „schien es mir, als ob aus der Eisdecke des Sees eine schwarze Gestalt emporgetaucht sei, die drohend ihre Hand gegen sie erhob."

Kaum hatte das Mädchen diesen Satz beendet, als es unter seinen Füßen zu knistern und zu gurgeln begann. Geistesgegenwärtig hatte Hans Stollhammer durch einen kühnen Sprung das Ufer erreicht und Käthe mit sich gerissen. Da erschütterte plötzlich ein furchtbares Krachen die Luft, das Eis klaffte weit auseinander, und unter donnerähnlichem Grollen versanken Marthe und mit ihr all die fröhlichen Hochzeitsgäste in dem kalten Wasser des Wolfgangsees.

Hilflos und totenblaß mußte das gerettete Paar dem furchtbaren Schauspiel zusehen, während aus der Tiefe des dunklen Wassers die schaurigen Worte heraufschallten: „Das Maß deiner Sünden war voll!"

Nach diesem Unglück wurde das arme Mädchen schwer krank und erholte sich nur langsam. Erst als sich die erregten Gemüter etwas beruhigt hatten, hielten Hans und Käthe Hochzeit, aber diesmal in der Kirche des heiligen Ägidius in St. Gilgen.

Zum Gedenken an das unheimliche Ereignis, das so vielen Menschen das Leben gekostet hatte, und zum Dank für seine und seiner Gattin Rettung ließ der Junker an der Unglücksstätte ein Kreuz im See errichten, das die Leute das Hochzeitskreuz nannten.

Die Frauenmauerhöhle

Als in den Türkenkriegen die Feinde bis vor Eisenerz kamen, flüchteten Frauen, Greise und Kinder in panischer Angst in die Berge. Nur die wehrhaften Männer blieben in der Stadt und rüsteten sich, die Eindringlinge zu verjagen. Eine kleine Gruppe von Flüchtlingen hatte rasch das Nötigste zusammengerafft und eilte zu dem einsamen Gsollhof, der in einem schmalen Tal am Fuß des Karlsteins stand.

In dieser Einschicht lebte Hedwig, die junge Witwe eines Hammerherrn, zurückgezogen mit ihren Mägden und Knechten. Sie war bekannt als mutige und gewandte Bergsteigerin, auch hatte sie schon manch seltenes Wild erlegt, und im Gebirge wußte sie Bescheid wie kaum einer.

Es mangelte der hübschen Witwe nicht an Freiern, aber sie wies alle ab. Besonders einer war ihr widerwärtig. Wandhiesl nannten die Leute den verrufenen Wildschützen, der immer wieder trachtete, sich an die alleinstehende Frau heranzumachen. Als er aber merkte, daß alle Mühe vergeblich war, verwandelte sich seine Zuneigung ins Gegenteil, und er schwor der stolzen Witwe Rache. Von da ab hatte Hedwig immer ihre Flinte in Bereitschaft, auch die Knechte waren auf der Hut.

An diese beherzte Frau wandten sich die Eisenerzer Flüchtlinge um Schutz und Hilfe. Sie wurden freundlich aufgenommen, und ihre Bitten fanden verständnisvolles Gehör. Hedwig sprach dem furchtsamen Häuflein Mut zu. Sie wußte einen schwer zugänglichen Ort in den Bergen, dorthin wollte sie die Leute führen. Von ihren Knechten und Mägden ließ sie rasch Holz und Nahrung für viele Wochen herbeischaffen, aber auch Pulver und Blei wurden nicht vergessen. Sie verpackten alles in Kisten und Körben, jeder griff zu und half nach Kräften. Dann brach das Trüpplein auf.

Allen voran schritt Hedwig. Als sie in der Nähe des Karlsteins waren, blieb sie stehen, zeigte hinauf gegen die steile Bergwand und sprach, indem sie sich zu den Leuten wandte: „Seht ihr hoch oben in der Felswand die drei dunklen Flecken? Dort dehnen sich riesige Höhlen aus, und labyrinthartige Gänge durchziehen den ganzen Berg. Ein schmaler, kaum sichtbarer Pfad führt in die Höhe, nur zwei Menschen kennen ihn — ich und mein Meier. Aber auch im Innern der Felsen wissen wir geheime Gänge, und wenn ein ganzes Heer von Türken kommen sollte, es kann euch nichts geschehen, dort oben seid ihr sicher. Nun geht!"

Die Mutlosen gewannen neue Hoffnung und folgten ihrer Führerin willig auf dem gefährlichen, steilen Weg zu den Höhlen. Stunden vergingen, immer wieder mußte Hedwig warten und den Alten und Schwachen helfen. Endlich standen alle vor dem letzten Stück des mühsamen Aufstieges, einem scharfen, schwindelnden Grat. Es kostete viel Geduld und Ausdauer, die ängstlichen

Frauen und Kinder über diese kritische Stelle zu geleiten. Nun hatte auch der letzte sicheren Boden unter den Füßen, und die hohen, weiten Höhlen taten sich vor ihnen auf.

Ein eisiger Wind wehte aus dem Inneren des Berges. Die kleine Schar brachte die Vorräte an trockene Stellen, jeder suchte sich eine Lagerstatt, und bald flackerte ein lustiges Feuer zum Schutz gegen die bittere Kälte. Hedwig hatte an alles gedacht, sogar einige Ziegen waren mitgenommen worden, um frische Milch für die Kinder zu geben. Am Eingang der Grotte stellte sie Wachen auf, ein Losungswort wurde vereinbart, und dann ließ die kluge Frau aus Baumstämmen eine Fallbrücke zimmern. Ihre Knechte durchschlugen den schmalen Felsengrat, und die Höhlen waren auf diese Weise vollkommen abgesperrt.

Hedwig kehrte zum Gsollhof zurück. Dort rief sie die Mägde zusammen und ließ ihre Kostbarkeiten verpacken. Der Meier belud damit ein Muli, er legte auch ein kleines, wohlgefülltes Faß darauf, und dann ging es noch einmal hinauf zu den Höhlen, wo sie gegen Abend ankamen. Sie ließ Mägde und Schätze bei den Flüchtlingen und vergrub ungesehen am Fuß des Felsens das geheimnisvolle Fäßchen.

Beim Abschied wandte sie sich an den Ältesten der Flüchtlinge mit den Worten: „Sollte mir Gefahr drohen, wenn ich zurückkehre, so werde ich am Fuße der Wand rufen: ‚Schön ist die Nacht zwar nicht, aber heilsam!' Dann müßt ihr schnell die Brücke über den Felsen legen, damit ich zu euch kann."

Und damit verschwand Hedwig im Dunkel. Der kaum erkennbare, gefährliche Pfad war ihr vollkommen vertraut, und bald hatte sie wieder ihren Hof erreicht.

Sie wies jedem ihrer Knechte und Dienstleute seinen Posten an und versorgte alle mit Nahrung und Munition. Sie selbst verschanzte sich in ihrem Zimmer, fest entschlossen, auszuharren und die Türken in die Flucht zu schlagen.

Lange mußten sie so warten, denn erst am nächsten Abend sahen sie vom Pfaffenstein herab dunkle Gestalten ziehen. Pferdegetrappel und Stimmengewirr weckten die Hunde im Hof. Sie schlugen heftig an, und das Wiehern, Fluchen und Säbelklirren kam immer näher. Die Knechte standen schußbereit hinter den Fenstern, auch Hedwig spähte aus ihrer Kammer auf den Feind. Da schlugen Steine an das eisenbeschlagene Hoftor, und eine ihr nur zu bekannte Stimme donnerte: „Aufmachen, oder wir setzen euch den roten Hahn aufs Dach!"

Hedwig hatte mit Schrecken den Wandhiesl erkannt. Diesem verräterischen Schuft war jedes Mittel recht, das Weib, das seinen Stolz gedemütigt, seine Eitelkeit verletzt hatte, zugrunde zu richten. Er hatte die Türken über die Berge hierher geführt, und nun stand es auf Tod und Leben.

Mit bewundernswerter Kaltblütigkeit handelte die mutige Frau. Aber der Feind war in der Übermacht, und da Hedwig die Hoffnungslosigkeit ihrer Verteidigung einsah, flüchtete sie durch ein Hinterfenster. Kaum hatte sie festen Boden unter den Füßen, als sie von derben Fäusten erfaßt und gefesselt wurde.

Triumphierend wollte ihr der Wandhiesl schon den Todesstoß versetzen, da trat der türkische Hauptmann rettend dazwischen. Er wollte zuerst einmal wissen, wo die Schöne ihre Schätze versteckt habe. Der Wilderer war wütend, daß ihm sein Opfer entgehen sollte, aber er mußte sich fügen. Kurz entschlossen band er ihr einen Strick um den Leib, dessen Ende er dem Türken in die Hand gab, und befahl ihr, ihnen den Weg zu weisen. Was blieb jetzt Hedwig anderes übrig, als zu gehorchen?

„Ich will euch", sagte sie furchtlos, „alle meine Schätze ausliefern, die ich in einer Grotte verborgen habe, aber ihr müßt mich am Leben lassen. Ohne mein Losungswort kommt kein Mensch in den Berg hinein." Das höhnische Lachen des Wandhiesls und seine stechenden, haßerfüllten Blicke ließen die sonst so tapfere Frau zusammenschrecken. Da trat der Türke ein zweites Mal vermittelnd zwischen die beiden. Das Weib hatte Mut, er konnte Hedwig seine Achtung nicht versagen, und er gab ihr sein Wort, daß niemand ihr etwas zuleide tun dürfe.

Die Dunkelheit der Nacht erschwerte den auch bei Tag gefährlichen Weg, doch die junge Frau kannte jeden Tritt, jeden Stein. Sicher und rasch kletterte sie bergauf und brachte die Feinde, die mühsam hinter ihr nachkeuchten, bis an den Fuß der Wand.

Es mochte gegen Mitternacht gewesen sein, als sie dort anlangten. Die Wächter am Höhleneingang riefen ihr: „Wer da?", und die Frau antwortete laut: „Schön ist die Nacht zwar nicht, aber heilsam!" Daraufhin wurde die Zugbrücke leise und vorsichtig auf den Fels gelassen. Und nun mußte Hedwig schnell handeln. Ihr Leben und das der Flüchtlinge hingen an einem Faden, das wußte sie. Nur Tatkraft und Klugheit konnten sie noch retten.

Sie ging rasch die wenigen Schritte bis zu der Stelle, wo das Fäßchen vergraben war, kniete nieder und begann mit den Fingern im Geröll zu scharren: „Ich suche meinen kostbarsten Ring, der hier vergraben ist. Im Finstern kann ich ihn schwer finden", jammerte sie und grub dabei eifrig einen kleinen Fleck frei. „Aber ich werde mir ein Licht aus der Höhle holen. Bleibt inzwischen nur beisammen, denn hier gähnt überall der Abgrund."

Der Wandhiesl aber wich nicht von ihrer Seite, wie ein Schatten blieb er hinter ihr. Hedwig stand jetzt vor der Fallbrücke. Plötzlich drehte sie sich um und stieß den völlig Überraschten mit aller Kraft über den Felsen hinab. Schon war sie mit ein paar Sprüngen über der Brücke. Der Strick hing ihr noch um die Mitte.

„Schnell eine Fackel!" rief sie ihren Leuten zu. „Zurück da vom Rand der Höhle!" Mit rascher Hand warf sie das auflodernde Feuer auf die Stelle, die sie bei der vorgetäuschten Ringsuche freigegraben hatte.

Im Dunkel der Nacht standen dicht gedrängt und vor Furcht gelähmt die silhouettenhaften Gestalten der Türken. Da flammte es hell auf, ein ohrenbetäubender Donnerschlag ließ den Berg erbeben, Steine flogen durch die Luft, Menschen schrien, heulten und stöhnten. In der darauffolgenden Grabesstille und im Pulverdampf, der in die Höhle drang, fiel Hedwig auf die Knie: „Dem Himmel sei Dank, wir sind gerettet!"

Die Flüchtlinge umringten sie voll aufrichtiger Bewunderung. Nur das entschlossene Handeln dieser Frau hatte sie vor dem sicheren Tod bewahrt.

Im Licht des Morgens sahen sie schaudernd die Verwüstung, die das explodierende Pulverfaß angerichtet hatte. Der Felsen war zum Teil in die Luft gesprengt, und überall lagen Waffen, Teile und Fetzen von Kleidungsstücken der zerrissenen Türken umher.

Hedwig führte ihre Schützlinge sicher wieder durch die verzweigten Gänge und Grotten, die den Berg stundenweit durchzogen, an das Tageslicht. Seit dieser Zeit heißt die Höhle, in der die Eisenerzer Flüchtlingsschar einen sicheren Unterschlupf gefunden hatte, die Frauenmauerhöhle.

Der Wassermann vom Grundlsee

Am Ufer des Grundlsees im steirischen Salzkammergut wohnte einst der reiche und angesehene Fischer Friedl. Seit dem Tode seiner Frau lebte er allein mit seiner Tochter Gunde. Das hübsche Mädchen führte dem Vater die Wirtschaft, und der Alte war sehr zufrieden mit der guten Küche, mit der Ordnung und Sauberkeit im ganzen Hause, nur eines paßte ihm nicht: die vielen Freier, die fast täglich zu Besuch kamen und seiner Tochter den Hof machten. Trotzdem wunderte er sich, daß ihr keiner von den reichen und stattlichen Burschen gefallen wollte.

Aber Gunde hatte ihre Wahl schon längst getroffen. Sie liebte Anton, einen armen und rechtschaffenen Jäger, mit dem sie heimlich zusammenkam. Der alte Friedl wollte nichts von ihm wissen, niemals würde er seine einzige Tochter so einem Habenichts geben. Er behütete Gunde wie seinen Augapfel. An diesem schwierigen Hüteramt scheiterten jedoch schon viele Väter, und dem Fischer Friedl erging es nicht besser. So sehr er sich auch anstrengte, so schlau und wachsam er auch war, seine Tochter war noch schlauer, und immer wieder fand sie einen Weg, zu ihrem heimlichen Liebsten zu gelangen.

Eines Tages erkrankte der Fischer, und Gunde mußte seine Arbeit übernehmen, so gut sie es eben vermochte. Von früh bis spät war sie tätig, liebevoll und mit großer Sorgfalt pflegte sie ihren Vater, aber am späten Abend, sobald der Kranke schlief, stahl sie sich unbemerkt aus dem Haus und lief zu einer versteckten Stelle am Ufer, wo Anton schon auf sie wartete. Sie banden das Schiff los, der Jäger reichte Gunde die Hand und zog sie in den schaukelnden Kahn. Langsam fuhren sie über den dunklen, tiefen See. Der Mond stieg über die Berge, in seinem kühlen Licht sprühten die Wassertropfen wie Silberperlen von den Rudern, und die Wellen plätscherten leise gegen die Planken des Schiffes. Da tönten von der Kirchturmuhr mahnende Glockenschläge. Es war schon spät, und Anton brachte sein Mädchen heim.

Die Haustür hatte sich leise hinter Gunde geschlossen, und der Jäger stand allein auf der Straße und überlegte, ob er schon heimgehen solle. Die Nacht war so mild und hell, und es kam ihm in den Sinn, noch ein wenig zu fischen. Er verstand es wie jeder andere aus dieser Gegend, mit Netz und Angel umzugehen. Schnell holte er das Fischzeug aus seiner Hütte und suchte an dem felsigen Ufer einen passenden Angelplatz.

An einer Stelle, wo die biegsamen Weidenzweige mit ihren schmalen, graugrünen Blättern tief über das Wasser hingen, wählte Anton sich einen guten steinernen Sitz und warf geschickt die Angel aus. Doch seine Gedanken weilten schon wieder bei Gunde. — Da ging ein scharfer Ruck durch seine Hand, und das Wasser schäumte auf. Kaum konnte er die Rute festhalten, mit aller Kraft mußte er sich gegen einen Felsen stemmen, dann zog er unter großer Mühe die schwere

Last ans Land. Aber was hatte er da gefangen? Fast hätte Anton vor Entsetzen seine Beute wieder fahrenlassen.

Im hellen Schein des Mondes zappelte ein grüner Mann an der Angel und schlug wild um sich. Er war von mittlerer Größe, mit dünnem Haarwuchs und bemoosten Schuppen auf dem Rücken. Rote Augen quollen ihm aus dem Kopf, sein Froschmaul war wild verzerrt, und er fletschte die Zähne in ohnmächtiger Wut. Zwischen den gespreizten Fingern und Zehen spannten sich Schwimmhäute.

Es war der Seemann, den Anton aus der Tiefe gefischt hatte. Der Grüne wehrte und bäumte sich und brach schließlich, als der Jäger ihn nicht mehr frei ließ, in bittere Tränen aus. Doch der Bursche hatte ein gutes Herz. Er mußte zwar den Wassermann, der mit aller Gewalt in sein feuchtes Element zurückstrebte, binden, aber zu Hause, in seiner bescheidenen Hütte, richtete er ihm ein warmes Lager her, gab ihm Kleider und behandelte ihn wirklich gut.

Schon nach kurzer Zeit beruhigte sich der merkwürdige Gefangene, er begann die vorgesetzten Fische mit großem Appetit zu verzehren, auch dem Schnaps war er nicht abgeneigt, und endlich verlor er auch die Angst vor dem Herdfeuer. Allmählich lernte er seinen Herrn verstehen, und er versuchte sogar, ein wenig zu sprechen. Bald folgte er dem Jäger wie ein Kind.

In Wald und Hütte durfte er frei umherlaufen. Seine Beine waren nämlich so schwach, daß er an Land gar nicht entkommen konnte. Einmal gingen sie nach einem heftigen Regenguß an einer großen Wasserlache vorüber, da war der grüne Mann nicht mehr zu halten; mit wahrer Wonne warf er sich in die braune Pfütze, und nur mit Gewalt konnte Anton ihn wieder herausholen.

Der Jäger führte seinen neuen Hausgenossen auch zu Gunde. Er legte ihn an eine leichte Kette, da der Weg ein Stück am Wasser entlangführte. Als sie zum See kamen, brach der Wassermann in ein schreckliches Geheul aus, er gebärdete sich wie verrückt, aber Anton gelang es bald, ihn wieder zu beruhigen. Die Fischerstochter erschrak beim Anblick des häßlichen, grünen Mannes, als sie aber sah, wie anhänglich und gutmütig er war, verlor sie jede Angst.

Eines Abends strich der Jäger tief durch den Wald, da wurde sein grüner Diener plötzlich ganz aufgeregt, er hüpfte und sprang und machte ganz unverständliche Zeichen. Schließlich zerrte er Anton zu einer Stelle, wo zwischen wilden Klüften ein kleiner Bach entsprang. In einiger Entfernung drängte sich ein Rudel Hirsche um das Wasser und löschte gierig seinen Durst.

Der Jäger zielte kurz und schoß. Sein Pfeil hatte tödlich getroffen, und das friedliche Bild war zerstört. Die Tiere stoben auseinander und waren im nächsten Augenblick im dichten Wald verschwunden. Antons Beute aber lag verblutend an der Quelle. Er eilte zu dem Hirsch hin, glitt auf dem nassen Erdreich aus und fiel mit dem Gesicht gerade in den Bach — da merkte er, daß das Wasser salzig schmeckte. Freudig erregt sprang er auf und umarmte den Wassermann. Er hatte mit seiner Hilfe eine Salzquelle entdeckt.

Am nächsten Tag machte sich der Jäger gleich auf den Weg in die Hauptstadt. Er meldete dem Landesfürsten, welch kostbaren Fund er gemacht hatte. Der

Lohn blieb nicht aus. Anton erhielt die Aufsicht über die weiten Holzschläge in den Bergen rund um den See. Das war eine gute Stellung, und er hatte jetzt den Wassermann doppelt gern, denn ihm verdankte er ja sein Glück.

Aus der Stadt kamen Fachleute, welche die ergiebige Quelle untersuchten. Sie bestimmten einen Ort am Fuß des salzhaltigen Berges, an dem ein Sudhaus erbaut werden sollte. Die Arbeit machte rasche Fortschritte, als aber Anton einmal mit seinem grünen Diener vorbeikam, zeigte dieser auf den Boden und bedeutete dem Jäger und den Arbeitern, wie schlecht diese Stelle für einen Hausbau geeignet sei.

Er wollte ihnen damit sagen, daß die Erde hier von Quellen durchzogen und durchnäßt sei, das neue Sudhaus würde bald zerbröckeln und in sich zusammenfallen. Daraufhin wurde der Bauplatz noch einmal genau geprüft, und man fand, daß der Wassermann recht gehabt hatte. Die Sudhäuser wurden weiter weg an der Traun errichtet, um sie herum baute man andere Häuser, und im Laufe der Jahre entstand aus dieser kleinen Ansiedlung der Markt Aussee.

Die Leute hatten sich an den häßlichen grünen Mann gewöhnt, ja sie liebten ihn, weil er so gutmütig und hilfsbereit war, und sein Rat wurde hochgeschätzt. Anton hatte einen glücklichen Fang mit ihm gemacht. Er war durch den Wassermann reich geworden, und der alte Friedl hatte nichts mehr gegen eine Heirat einzuwenden, als der Jäger in aller Form um die Hand der Gunde anhielt. Der Hochzeitstag wurde festgelegt, und der Grüne bekam zu diesem Fest ein schönes, neues Gewand.

An einem sonnigen Frühlingsmorgen bewegte sich der bunte Hochzeitszug vom Fischerhaus zur Kirche. Die Kastanienbäume trugen ihre weißen und roten Blütenkerzen, und von den blühenden Wiesen und Sträuchern wehten schwere Duftwolken herüber. Den Zuschauern bot sich ein fröhliches Bild. Voraus schritten die Musikanten, dann kamen Braut und Bräutigam, die Verwandten und Gäste, alle im Sonntagsstaat, und der grüne Wassermann sprang zwischen den geputzten Menschen hin und her.

Der Weg führte ein Stück am Ufer entlang. Da — auf einmal machte der Wassermann einen gewaltigen Satz, die Wellen spritzten hoch auf, und er war in der Tiefe des Grundlsees verschwunden. Aber noch einmal tauchte er empor, winkte den Leuten mit seinen grünen Flossenhänden und rief ihnen einen launigen Gruß zu.

Wenn Anton jetzt nicht seine Gunde gehabt hätte, wäre er wohl sehr traurig gewesen. Er hatte seinen Diener von Herzen gern gehabt und war so an ihn gewöhnt. Aber an der Seite seiner lieben, guten Frau verschmerzte er den Verlust bald.

Manchmal ruderte das junge Paar am Abend über den See zum Fischfang, so wie sie es früher getan hatten, als der Vater nichts davon wissen durfte. Da geschah es zuweilen, daß es irgendwo im Wasser aufrauschte oder daß sie in ihrem Netz ganz besonders schöne, seltene Fische fanden. Dann lächelten sie beide und flüsterten sich zu: „Das sind Grüße von unserem treuen Wassermann."

Die Schlangenjungfrau

Auf der Kühbrandtner Halt bei Kalwang hüteten einst zwei Kinder das Vieh ihrer Eltern. Der etwa zehnjährige Knabe und seine hübsche Schwester mit den dicken, braunen Zöpfen achteten wohl gut auf die weidenden Schafe, dazwischen aber sprangen sie umher, spielten Fangen, pflückten Löwenzahn und Gänseblümchen und flochten daraus Kränze und Ketten. Mit diesem bunten Blumenschmuck auf dem Kopf tanzten sie lachend über die Weide.

Plötzlich stand ein buckliges, schwarzgekleidetes Männlein vor ihnen. Die Geschwister faßten einander erschrocken an den Händen. Woher war denn dieser kleine Alte so plötzlich gekommen? Sie hatten ihn weder gehört noch gesehen. Er lächelte sie jedoch freundlich an und sprach gütig und beruhigend zu ihnen:

„Habt keine Angst vor mir, ich tue euch nichts zuleide. Ihr werdet hier bald eine schöne, weiße Schlange sehen, die trägt eine funkelnde Krone auf dem Haupt und einen goldenen Schlüssel zwischen den Zähnen. Fürchtet euch aber nicht vor ihr, auch sie wird euch nichts tun. Geht nur auf sie zu und versucht es, ihr den Schlüssel zu entwinden. Wenn euch das gelingt, so werdet ihr stets dankbar an mich denken."

Die Kinder versprachen ängstlich, dem Rat des Männleins zu folgen, das nickte den beiden noch einmal aufmunternd zu und war so plötzlich verschwunden, wie es gekommen war. Die Geschwister sahen erstaunt um sich, dann suchten sie die Wiese ab, hinauf und hinunter, ob sie etwa noch den kleinen Mann entdecken könnten, aber sie fanden keine Spur mehr von ihm. Die Erzählung von der Schlange bewegte noch eine Weile ihre Phantasie, denn die Sache war ihnen nicht ganz geheuer. Allmählich aber wandten sie sich wieder ihren Spielen zu, und bald hatten sie den kleinen Buckligen mitsamt seiner gekrönten Schlange vergessen.

Von fern her sahen sie auf einmal im Sonnenglast etwas glitzern und blitzen. Das funkelnde Ding kam rasch näher, und sie erkannten eine große, weiße Schlange mit einer Krone auf dem Haupt, die in der Sonne leuchtete. Sie glitt geradewegs auf die zwei Kinder zu. Die waren vor Schreck erstarrt, und als sie das Gras rascheln hörten und zu Boden blickten, sahen sie den goldenen Schlüssel in dem Rachen des Tieres stecken. Nun hielt es vor ihnen an und richtete sich hoch auf.

Da schrie die Schwester: „Oh, die Schlange! Sie wird uns beißen!" Mit diesem Schreckensruf nahm das kleine Mädchen Reißaus, daß die braunen Zöpfe nur so flogen. Der Knabe war etwas besonnener. Einen Herzschlag lang dachte er an die Worte des buckligen, schwarzen Mannes. Als er aber seine Schwester in wilder Flucht davonjagen sah, wurde auch ihm unheimlich zumute, und er lief ihr nach, den Berg hinunter und dem Dorfe zu.

Atemlos kamen die beiden bei ihren Eltern an, denen sie verworren und noch ganz im Banne des Erlebnisses erzählten, was ihnen auf der Weide zugestoßen war. Vater und Mutter machten sich sogleich auf den Weg. Von der Schlange war nichts mehr zu sehen, nur von ferne blendete sie ein goldenes Funkeln und Flimmern, das sich aber bald im Dunkel des Waldes verlor.

Jahre waren seither vergangen. Andere Bauern hatten die Alm gekauft, und jetzt hauste ein junger Bursche dort und hütete die Rinder. Er war fröhlich und bescheiden und widmete seine ganze Zeit und Aufmerksamkeit der ihm anvertrauten Herde. Ein Tag verging wie der andere, und der Hirte freute sich an dem Frieden der Natur, an der Schönheit der Wiesen und Wälder und an der Stille der Einsamkeit.

Da stand plötzlich das schwarzgekleidete, bucklige Männlein vor ihm. Der Bursche staunte über die seltsame Erscheinung, aber er hatte keine Angst. Der kleine Mann erzählte auch dem Hirten von der weißen, goldgekrönten Schlange, der er den Schlüssel entwinden solle. Der Junge versprach, alles zu tun, wie es das Männlein wünsche, er schaute auch gleich nach der Schlange aus; als er sich aber wieder dem Kleinen zuwenden wollte, war dieser verschwunden.

Es dauerte gar nicht lange, da sah der Hirte in der Ferne etwas glitzern und gleißen. Schnell kam es näher, in großen Windungen schlüpfte es durch das rauschende Gras. Es war die weiße Schlange. Groß war sie und schön, wie sie so mit unheimlicher Geschwindigkeit auf den Jüngling zuglitt, vor ihm hielt und sich hoch aufrichtete. Der kräftige Junge trat ihr beherzt entgegen. Er packte den goldenen Schlüssel mit festem Griff, und mit einem starken Ruck riß er ihn aus dem Rachen der Schlange. Aber wo war sie jetzt? An ihrer Stelle stand ein Mädchen von überirdischer Schönheit. Langes, blondes Haar umwallte die zarte Gestalt im schneeweißen Kleide: „Ich danke dir vieltausendmal, du hast mich erlöst. Deine Tat soll dir reich gelohnt werden."

Sie winkte ihm, ihr zu folgen, und die beiden schritten über die blühenden Wiesen auf eine steile Felswand zu. Dort nahm die Jungfrau den goldenen Schlüssel, sperrte eine verborgene Felsentür auf und führte den Jüngling in das Innere des Berges.

Eine große Halle wölbte sich in dämmerigem, traumhaftem Licht. Rings an den Wänden schimmerten Karfunkel, und aus kunstvoll geschnitzten Truhen und Kassetten blinkten Gold und Edelsteine. Auf Tischen und Bänken standen goldene Becher, Schalen aus Bergkristall und Vasen aus Rosenquarz und Amethyst. Es war eine Pracht und Herrlichkeit, daß dem Jüngling fast die Augen übergingen.

Die Schlangenjungfrau füllte ihrem Retter die Taschen mit Goldstücken und kostbarem Schmuck und dankte ihm noch einmal für ihre Erlösung. Dann drängte sie hinaus in das Tageslicht.

Kaum hatten die beiden die Wiese betreten, als das Felsentor mit donner-

ähnlichem Rollen hinter ihnen zufiel. Der Jüngling wandte sich um, da war von dem Eingang zur Schatzhöhle nichts mehr zu sehen. Erstaunt wollte er sich dem Mädchen zuwenden, aber da war auch dieses verschwunden.

Den Hirten erfaßte große Traurigkeit. War das alles nur ein Traum gewesen? Er griff in seine Taschen. Die waren prall gefüllt mit Gold und Edelsteinen. Nun war er ein reicher Mann. Er brauchte nicht mehr zu dienen, konnte sich Haus und Hof kaufen und vieles noch dazu — aber die schöne Fee, die er durch seinen Mut aus ihrer Verzauberung befreit hatte, konnte er sein ganzes Leben lang nicht mehr vergessen.

Der Zlatarog

Die Morgendämmerung hatte das Grau des Himmels rosig gefärbt, die Vögel begannen zu zwitschern und zu flöten, und während die Sonne langsam über das Gebirge heraufstieg und die Welt in ihr warmes, goldenes Licht hüllte, wanderte ein junger Weidmann leichten Fußes durch den morgenfrischen Wald. Kein Ast zerbrach unter seinem Tritt, und aufmerksam spähte er umher. Es gab so vieles zu sehen, was sein Jägerherz höher schlagen ließ.

Der schmale Steig führte in steilen Kehren der Höhe zu, und wacker ausschreitend folgte ihm der Bursche, wollte er doch an diesem Tag noch den dreigezackten Gipfel des Triglavs erreichen, den König der Julischen Alpen.

Bald kam er auf die saftigen Almen, wo die Herden der Talbewohner friedlich grasten. Aber rastlos trieb es ihn weiter, durch Latschenfelder, über steile Geröllhalden hinauf in die schroffen, zerklüfteten Felsen, die gefährlich steil vor ihm aufragten. Hier, im Gebiet des Triglavs, sollte es die schönsten Gemsen geben weit und breit. So wenigstens hatte man ihm in seiner Heimat, unten im Trentatal, erzählt.

Die Sonne stand schon im Mittag und sandte sengende Strahlen auf die Erde, und die heiße Luft flimmerte und flirrte. Menschen und Tiere ruhten im Schatten der Almhütten, und schläfrige Stille lastete über dem Berg.

Der einsame Jäger kletterte immer höher in den sonnenheißen Felsen. Er wollte rasch den Gipfel erreichen und gönnte sich daher keine Ruhe. Mit eiserner Ausdauer verfolgte er seinen Weg, der immer beschwerlicher wurde und über steile Wände und schwindelnde Grate führte, über die sich ein tiefblauer Himmel wölbte.

Gerade hatte er eine gefährliche Felsmauer überstiegen, da lag eine Alpenweide vor ihm ausgebreitet, so schön wie eine Märchenwiese. Er strich sich ein paarmal über die Augen, weil er dachte, es narre ihn eine Luftspiegelung.

Doch nein. Mitten in der grauen Steinwüste blühten die größten und schönsten Alpenblumen, wie er noch nie ähnliche gefunden. Platenigl, die pelzigen Sterne des Edelweiß und blaue Enziankelche standen in Mengen neben Alpenrosen und Silberwurz und dem leuchtend gelben und roten Bergmohn. Die Wiese war ein einziger blühender Teppich, über den Schmetterlinge von Blüte zu Blüte gaukelten. Ein Bächlein schlängelte sich kristallklar durch Gräser und Kräuter, und himmelblaue Vergißmeinnicht spiegelten sich in seinen Wellen.

Aus dem dichten Latschengestrüpp tauchte ein Gemsbock auf, seine Hörner blinkten wie pures Gold im Sonnenglast, und ein Rudel schneeweißer Gemsen folgte ihm. Furchtlos traten sie auf die Wiese hinaus.

Der Bursche stand wie verzaubert, doch als er die herrlichen Tiere so unbekümmert äsen sah, packte ihn die Jagdleidenschaft. Sein Herz schlug laut, er riß die Armbrust herunter und legte an.

Da tönte ein warnender Pfiff. Eine zarte, geisterhafte Stimme rief aus den Felsen, Nebel wogten vor den Augen des Weidmannes, und als er wieder klar sehen konnte, waren die Gemsen fort.

Hier ging es nicht mit rechten Dingen zu. Enttäuscht ließ der Jäger seine Waffe sinken. Der Schweiß stand ihm auf der Stirn, und erschöpft ließ er sich in das duftende Gras fallen. Er war so müde, und im Einschlafen glaubte er wieder die zarte Geisterstimme an seinem Ohr zu hören.

Eine junge Frau stand vor ihm, lange, blonde Haare umrahmten ihr überirdisch schönes Antlitz, und ein langes, weißes Gewand umhüllte in weichen Falten die hohe Gestalt. Eindringlich bat sie den Jäger, er möge ihre Herde schonen und wieder hinuntersteigen in das Tal.

Als der Jüngling erwachte, lag ein duftender Strauß von Alpenblumen neben ihm. Die Worte der feenhaften Erscheinung waren so zu seinem Herzen gedrungen, daß er unverzüglich den gefahrvollen Weg wieder zurück auf die Almen nahm.

Die Sonne hatte eben ihren Tageslauf beendet, und am Horizont schwammen rosige Wölkchen im verblassenden Blaugrün des Himmels. Der Weidmann verweilte noch kurz vor der Sennhütte, als er plötzlich von drinnen Flötenspiel und Gesang hörte. Gleich darauf stand der Jäger in der Türe und freute sich des friedlichen Anblicks, der sich ihm da bot.

Spela, so hieß die Sennerin, sang mit ihrer vollen, dunklen Stimme eine alte Volksweise, und der alte Hirte Jaka, der immer noch die Sommerzeit am Berg verbrachte, begleitete sie auf seiner Flöte oder brummte manchmal mit seinem zitterigen Baß dazwischen. Als sie geendet hatten, trat der Fremde auf die braune Spela zu und reichte ihr mit freundlichem Blick den Blumenstrauß von der Märchenwiese.

Das Mädchen errötete und betrachtete mit Staunen die prachtvollen Blüten. Sie kannte wohl alle diese Blumen, hatte sie aber noch nie in solcher Schönheit und Größe gesehen. Ihre dunklen Augen dankten mit warmem Blick dem fremden Gast. Ohne Absicht hatte er mit dem Feengeschenk des Mädchens Herz erobert.

Bis spät des Abends noch blieben sie beisammen, und der alte Jaka erzählte dem Jäger von dem goldgehörnten König der Gemsen Zlatarog, von seinem Zauberreich in den Felsen und von den Rojenice, den Alpenfeen und Wächterinnen des Gartens. Er wußte von großen Schätzen, die im Berge Bogatin verborgen liegen.

Zlatarog sei ihr Hüter, und nur er könne mit seinen Goldhörnern die geheimen Kammern erschließen. Wehe aber dem Menschen, der ihn erlegen wolle! Der sei des Todes; vom Schwindel erfaßt, stürze er in grausige Tiefen. Aus jedem Blutstropfen des weißen Gemsbockes aber wachse eine Triglavrose.

Am nächsten Tag war Kirchweih unten im Tal bei der Socabrücke, und die Almleute machten sich auf den Weg, dieses Fest zu besuchen. Im Wald erlegte der Fremdling noch einen Luchs, eine seltene Beute.

Das Wirtshaus an der Brücke war schon vollgestopft mit fröhlichen Gästen. Es ging hoch her, an allen Tischen wurde gelacht und gescherzt, gespielt und geraucht. Die Bauern tranken fleißig vom roten Wein, Musikanten spielten auf, und die Burschen und Mädchen der Umgebung schwangen sich in ihren reichen Festtagskleidern eifrig im Tanz.

Frau Katra, die Wirtin, und ihre schöne Tochter Jerika hatten alle Hände voll zu tun, um ihre Gäste mit Getränken und Speisen zufriedenzustellen.

Der Trentajäger erregte bei den Landleuten großes Aufsehen mit seinem Luchs. Als die Wirtin ihm das Tier abkaufen wollte, verlangte er zum Lohn nichts anderes, als mit der flachshaarigen Jerika tanzen zu dürfen.

Diese Bitte wurde ihm gern gewährt, und das Paar tanzte die ganze Nacht durch. Sie schienen wie im Himmel zu schweben, die Welt war für beide versunken, und auch Spelas brennende Augen konnten diese Zweisamkeit nicht durchdringen.

Die braune Dirn saß regungslos unter den fröhlichen Leuten, schwer und traurig war ihr zumute, und manchmal fiel eine Träne auf ihre verschlungenen Hände. Die Qualen der Eifersucht zerrissen und zermarterten ihr Herz. Aber was nützte es ihr?

Die beiden jungen Menschen waren unzertrennlich, und wenn auch Frau Katra sich einen reicheren Schwiegersohn gewünscht hätte, so mußte sie sich doch dareinfügen, daß ihr einziges Kind und der fremde Jäger ein Brautpaar wurden. Es hatte sich die Kunde im Ort verbreitet, daß der Jüngling den besonderen Schutz der Rojenice genieße, und so war er der Wirtin doch noch willkommen.

Den ganzen langen Winter hindurch saß er jeden Abend in der Stube bei seiner Jerika, scherzte und koste mit dem Mädchen und gewann es mit jedem Tag lieber. Als die Frühlingssonne den Schnee wegschmolz und die Wege und Steige freimachte, stieg er wieder auf den Triglav und brachte seiner Braut die schönsten Alpensträuße heim.

Aus der reichen Stadt Venedig kamen Händler vom Süden herauf. Es waren dunkelhäutige Männer mit Glutaugen und gewandter Zunge, die im Wirtshaus an der Socabrücke einkehrten. Sie ließen ihre Blicke mit unverhohlener Bewunderung auf der blonden Wirtstochter ruhen.

Mit verführerischen Worten boten sie dem Mädchen glänzende Seiden und edlen Schmuck an. Ja sie wollten ihr sogar noch andere Kostbarkeiten schenken, wenn sie nur den armseligen Jäger ließe, der ihr doch nichts anderes bieten konnte als einen lächerlichen Strauß von Alpenblumen.

Voll Eifersucht und Schmerz sah der Jäger, wie die geliebte Jerika ihm allmählich entglitt, denn immer öfter unterhielt sie sich mit den reichen, gewandten Südländern. Eines Tages blitzte ein goldenes Geschmeide an ihrem Hals, und als ihr Bräutigam sie deshalb zur Rede stellte, antwortete sie ihm spöttisch, er kenne doch den Zlatarog, der Zugang zu den Schätzen des Berges Bogatin habe, wenn er ihr die zeigen könne, wolle sie seine Frau werden.

Der Jüngling war tief erblaßt, diese höhnenden Worte waren wie ein Stachel in sein Herz gedrungen. Traurig blickte er Jerika an, dann wandte er sich rasch und stürmte fort in die Nacht hinaus. Er stolperte über die dicken Wurzeln der Bäume, Tränen der Enttäuschung liefen ihm über die Wangen, und atemlos keuchte er den Berg hinan.

Plötzlich stellte sich Spela in seinen Weg. Inständig bat sie den Mann, ja nicht um des treulosen Mädchens willen in sein Verderben zu rennen. Doch er hörte gar nicht, was sie sagte, und schob sie ungeduldig beiseite.

Der Jäger wußte selbst nicht, wie er die Mühen und Gefahren des Weges überwunden hatte — aber auf einmal stand er wieder auf der Märchenwiese. Das Zauberreich des Zlatarog hatte sich noch einmal für ihn aufgetan.

Schneeweiß und majestätisch erschien der König der Gemsen, und golden leuchteten seine Hörner in der Morgensonne. Mit zitternden Händen legte der Bursche an, sein Pfeil schwirrte von der Sehne und traf. Tiefrot strömte das Blut aus der Todeswunde des Tieres, und wo es zur Erde tropfte, blühten die Triglavrosen.

Das Herz des Jägers aber war traurig, und die gewohnte Freude über einen guten Schuß wollte sich diesmal nicht einstellen. Als er aufblickte, sah er wieder die weiße Frau vor sich. Nicht bittend wie das erste Mal, sondern drohend und zornig blickten ihre Augen, und als sie die Hand gegen ihn ausstreckte, erfaßte den Mann jäh ein Schwindel, und er stürzte rücklings in die Tiefe.

Die ganze Nacht hatte Jerika mit Bangen auf ihren Bräutigam gewartet. Als er aber nicht kam, lief sie am Morgen zur Socabrücke und starrte in den hochgehenden Bergbach. Die eisblaue Flut hatte sich braun verfärbt, Holzstämme und Wurzeln und manchmal auch ein Tier wurden von den reißenden Wassern fortgeführt.

Zwei Tage und Nächte harrte das Mädchen aus. Ihr Herz war von Reue erfüllt. Sie hatte den jungen Menschen zum Äußersten getrieben, hatte ihn verhöhnt und auf den gefährlichen Weg gejagt. Aber auch die heftigsten Selbstvorwürfe konnten jetzt nicht mehr helfen. Da stand auf einmal Spela neben ihr. Sie weinte nicht, und sie sprach kein Wort. Aufgelöst hingen die schwarzen Haare um das blasse Gesicht, und ihre großen Augen suchten unentwegt das Ufer ab. Am dritten Tag sahen sie den leblosen Körper des Jägers vorbeitreiben. Als Jerika weinend zusammenbrach, hörte sie einen wilden Schrei, und dann sah sie gerade noch Spelas Gewänder flattern. Das unglückliche Mädchen war in die gurgelnden Fluten gesprungen.

Kein Mensch hat je wieder den Zlatarog und sein weißes Rudel erblickt, und mit ihm sind auch die Rojenice, die Hüterinnen des Zauberreiches, verschwunden. Unentdeckt ruhen die Schätze noch immer im Berge Bogatin und warten auf ein Sonntagskind, das sie in tausend Jahren heben wird.

Die Gnomen vom Lavanttal

In alter Zeit war das ganze Lavanttal von einem tiefen See erfüllt. Vom Fuß der Saualpe bis hinüber zur Koralpe wogte und flutete das Wasser. Jäger und Knappen wohnten auf den dichtbewaldeten Hängen und fanden dort ihren Unterhalt. Das Gebirge war reich an Wild und Erzen, und die Bergleute trieben zahlreiche Stollen in die dunklen Schatzkammern der Erde. Doch in den Tiefen der Erzgruben hausten Gnomen und Bergmännchen, die sich von den eifrig arbeitenden Knappen sehr bedrängt fühlten und in ständigem Streit mit diesen Störenfrieden aus der Oberwelt lebten.

Eines Tages wurden die Bergleute von den Zwergen überfallen. Die Männer verteidigten sich tapfer, doch die Gnomen besaßen übernatürliche Kräfte, und es gelang ihnen nach hartem Kampf, die Eindringlinge aus ihrem Reich zu vertreiben. Der Hutmann der Knappen hatte aber einen Zwerg gefangen, der schien ein mächtiger Fürst des kleinen Volkes zu sein. Die Grube war den Knappen zwar verloren, jedoch der Kobold war ein kostbares Pfand für sie. Er blieb in ihrer Gewalt und wurde in sicherem Gewahrsam gehalten. Die Männer pflegten ihn gut, doch seinem Drängen und Flehen nach Freiheit schenkten sie kein Gehör. Sie konnten jetzt ungestört in anderen Erzgruben arbeiten, da das kleine Volk der Zwerge dem Gefangenen nicht schaden wollte.

Der Gnom sehnte sich zurück nach seiner unterirdischen Heimat, nach den dunklen, verschlungenen Gängen und Stollen und nach den glänzenden Erzen; am meisten aber hatte er Heimweh nach seinen Brüdern. Immer wieder bat und bestürmte er seine Kerkermeister, er versprach ihnen Erz in Fülle und einen Teil seines Reiches, wenn sie ihn wieder in den Berg entließen. Aber die Knappen blieben hart, und der arme Zwerg saß dreißig Jahre oder mehr traurig und allein in seinem Gefängnis.

Die hartherzigen Wächter des Gnomenfürsten wurden alt, und junge Bergleute traten an ihre Stelle, die den Kampf in der Grube nicht miterlebt hatten. Da begann der Gefangene von neuem zu flehen und um seine Freiheit zu bitten. Er versprach den jungen Männern fruchtbares Land an Stelle des Sees, sie würden zufrieden sein und ihr Brot viel leichter verdienen als bisher. Statt in der Finsternis der Schächte könnten sie fortan im Tageslicht leben und arbeiten. Das leuchtete den Knappen ein, sie berieten untereinander und entließen den Zwerg, nachdem er ihnen feierlich geschworen hatte, sein Versprechen zu halten.

Alsbald merkten die Knappen, daß der Gnom das Werk begann, das er versprochen hatte. An der Oberfläche des Sees kräuselte sich das Wasser, es bildeten sich Wirbel, und der Seespiegel sank von Tag zu Tag. In den Bergen waren die Zwerge eifrig an der Arbeit, und unter der Anleitung ihres Fürsten öffneten sie unterirdische Höhlen, in die sich das Wasser allmählich verlief.

Ein klarer Fluß, die Lavant, durchströmte das Tal, in dem sich die Knappen mit ihren Familien ansiedelten. Sie bauten Häuser und kauften Vieh, das auf den saftigen Wiesen genug Futter fand, sie bestellten ihre Äcker, und alles wuchs und gedieh in dem fruchtbaren Boden besser als anderswo.

Das Paradies von Kärnten nannten die Leute die Gegend. In der Ebene entstanden Dörfer und Städte, Burgen erhoben sich auf den Hügeln, und im Süden des Tales erbauten die Benediktiner das große Stift St. Paul, das heute noch besteht.

Der goldene Fuchs

Ein armer Bauernknecht pilgerte einst zu der alten Wallfahrtskirche Maria Saal. Nachdem er lange vor dem Hochaltar gekniet und gebetet hatte, vertraute er dem Gnadenbild Mariens seine Sorgen und Wünsche an und machte sich dann erleichtert und froh auf den Heimweg.

Er wanderte durch die liebliche Landschaft des Saalfeldes. Ringsum blühten die Wiesen, auf den wogenden Äckern stand goldgelb das Korn, und schattige Wälder bedeckten die sanft abfallenden Hänge der Hügel, von denen Kirchen und Burgen weit in das Land schauten. In der Ferne begrenzte die mächtige Gebirgskette der Karawanken den Horizont.

Die Mittagssonne brannte vom Himmel, und der staubige, holperige Weg nahm kein Ende. Müde blieb der Bursche stehen, suchte sich einen schattigen Wiesenhang und legte sich in das Gras. Kein Mensch war weit und breit zu sehen, und in der köstlichen Stille, die über dem weiten, fruchtbaren Tal lag, hörte man nur das Zirpen der Grillen und ab und zu das Trillern der Lerchen.

Anton, so hieß der junge Knecht, schlief ein. Da hatte er einen seltsamen Traum. Ein heller Strahlenglanz umgab ihn, und eine sanfte, aber eindringliche Stimme sprach: „Mache dich auf den Weg nach Villach, auf der Draubrücke werden alle deine Wünsche in Erfüllung gehen."

Bald darauf erwachte der Bursche in freudiger Erregung. Der Traum war so deutlich, so zwingend gewesen, daß er ihm gehorchen mußte. Ja, er hatte einen Wunsch, einen einzigen nur, aber von seiner Erfüllung hing das Glück seines Lebens ab. Er wollte sich ein kleines Bauerngut kaufen und dann sein Mädchen Christine heiraten.

Zu Hause angekommen, erbat er sich kurzen Urlaub von seinem Bauern, bei dem er als Knecht diente. Der hatte nichts dagegen und ließ ihn ziehen.

Voll Hoffnung und Zuversicht machte sich Anton auf den Weg nach Villach. Nicht weit von seiner Straße lag das kleine Anwesen von Christinens Mutter, und der Bursche konnte es sich nicht versagen, schnell hinüberzugehen und seinem Mädchen unter dem Siegel der Verschwiegenheit von dem sonderbaren Traum zu erzählen.

Früh am Morgen erreichte er die Stadt. Ohne nach links oder rechts zu schauen, schritt er eilends durch die hallenden, menschenleeren Gassen der Brücke zu. Dort lehnte er sich aufatmend an das Geländer und harrte der kommenden Dinge. Doch Stunde um Stunde verrann, und es ereignete sich nichts. Die Sonne stand im Mittag, und Anton wartete geduldig auf seinem Posten. Hunger und Durst plagten ihn, doch er getraute sich nicht wegzugehen, aus Angst, vielleicht gerade dann den richtigen Augenblick zu versäumen. Es nahte der Abend, kühl wehte der Wind von der Drau herauf, und so sehr Anton auch seinem Traum

vertraut hatte, nun sank allmählich seine Hoffnung. Immer weniger Menschen gingen über die Brücke, und die Farben des Himmels verblaßten allmählich. Trotzdem hielt ein eigentümliches Gefühl den Burschen an seinem Platz fest.

Da trat ganz unvermutet ein Bettler an ihn heran und fragte, wonach er denn so sehnsüchtig ausschaue. Der Knecht erzählte ihm bereitwillig von seinem seltsamen Traum. Da lachte ihn der Bettler aus und meinte, er solle doch nicht so dumm sein und an solche Gaukeleien glauben. Auch ihm habe in letzter Zeit einige Male geträumt, daß sich am Saalfeld ein Stein mit dem Bild eines Fuchses befinde, der in seinem Bauch so viele Goldstücke bewahre, daß man davon ein Bauerngut mit allem, was dazu gehöre, kaufen könne.

Antons Augen leuchteten auf, das Wunder, auf das er gehofft und gewartet, war jetzt geschehen. Er sagte aber kein Wort, sondern kramte in seiner Hosentasche und schenkte dem Bettler das wenige Geld, das er bei sich trug. Dann machte er sich frohen Herzens auf den Heimweg.

Er mußte viele Stunden wandern, die Nacht brach herein, aber er wurde nicht müde, und in Gedanken malte er sich die Zukunft aus. Am Grenzrain des Bauernhofes seines Herrn lag ein schwerer Stein, den die Bauern und Knechte zum Beschweren der Egge benutzten und den sie, seiner sonderbaren Form wegen, den steinernen Fuchs nannten.

Im Morgengrauen langte der Bursche wieder zu Hause an, und so müde er auch war, begann er doch gleich mit der Arbeit. Leise holte er sich das Werkzeug aus dem Schuppen. Anton war nun doch sehr aufgeregt. Der Stein lag an seinem gewohnten Platz. Nach kurzer Mühe hatte der Knecht die dünne Wand des Steinbildes durchbrochen, und aus dem dicken Fuchsbauch rollten nur so die Goldstücke heraus.

Der Bursche strahlte über das ganze Gesicht. Sorgfältig tat er den Schatz in seinen leeren Geldbeutel und versteckte ihn unter dem Stroh seines Bettes. Zu Maria Lichtmeß war sein Dienstjahr beendet, und er nahm Abschied von seinem Herrn.

Er zog in die Steiermark, wo er sich mit seinem Gold ein kleines Bauerngut kaufte, das ganz seinen Vorstellungen entsprach. Er hatte das Ziel seiner Wünsche erreicht, und nun holte er sich sein treues Mädchen Christine und heiratete es. Die beiden lebten viele Jahre lang glücklich miteinander, und ihre Ehe war mit einer Schar gesunder Kinder gesegnet, die sie zu braven, tüchtigen Menschen erzogen. Das Geheimnis seines bescheidenen Wohlstandes behielt er bis an sein Lebensende für sich, und erst auf dem Sterbelager verriet er seinen Söhnen und Töchtern, auf welch sonderbare Weise er zu seinem Bauerngut gekommen war.

Der Brocknerjack

Im Mölltal trieb vor Jahrhunderten ein unheimliches Paar sein Unwesen. „Brocknerjack" wurde der Mann genannt und sein Weib die „schöne Binderin". Die Bauern des Tales fürchteten den durchtriebenen Zauberer samt seiner Gefährtin wie den leibhaftigen Teufel.

Der Hexenmeister war in Lienz zu Hause und war dort schon oft eingekerkert und auch zum Tode verurteilt worden. Aber immer wieder gelang es ihm, seiner gerechten Strafe zu entgehen. Er brauchte nur die Erde zu berühren, und schon gewann er durch seine Hexenkünste die Freiheit wieder. Wer ihn aber unvermutet überfallen und in der Luft gehalten hätte, der wäre imstande gewesen, ihn zu überwältigen.

Wieder einmal hatte sich das Gerücht verbreitet, daß der Brocknerjack endlich gefangen sei und auf dem Richtplatz von Lienz verbrannt werden sollte. Am Morgen dieses Tages wanderte also viel neugieriges Volk aus dem Mölltal über den Iselsberg nach Lienz, um Zeuge der Hinrichtung des verhaßten Quälgeistes zu sein. Auf der Höhe des Berges holte ein alter, unbekannter Mann die Leute ein. „Wohin pilgert ihr denn so früh am Tag?" fragte er neugierig, und die Bauern antworteten: „Nach Lienz, um den Brocknerjack verbrennen zu sehen." Der merkwürdige Fremde lachte höhnisch: „Da muß ich aber unbedingt dabei sein, ohne mich kann nämlich das interessante Schauspiel nicht stattfinden." Und mit großen, eiligen Schritten überholte er schnell die schaulustige Menge. Den Mölltalern kam der Mann mit seinem im Bergwind flatternden Mantel nicht geheuer vor, aber sie machten sich weiter keine Gedanken und wanderten weiter der Stadt zu.

Auf dem Richtplatz in Lienz schien schon alles zur Hinrichtung bereit: ein hochaufgeschichteter Scheiterhaufen, der Henker und seine Knechte — aber kein armer Sünder. Die Leute standen mit langen Gesichtern vor dem Gefängnis, während die Häscher das Haus vom Keller bis zum Dachboden durchsuchten und jeden Winkel durchstöberten. Aber der Brocknerjack war und blieb verschwunden.

Enttäuscht und von bangen Ahnungen erfüllt, kehrten die Bauern in das Mölltal zurück, wo sie bald merken sollten, daß der listige Zauberer sie in der Gestalt des Fremden am Iselsberg genarrt hatte. Dem einen wurde alsbald die schönste Kuh im Stall krank, dem anderen zerschlug der Hagel die Felder, dem brannten Haus und Hof ab und jenem verwüstete eine Mure die Wiesen. Die Bauern jammerten, aber der Brocknerjack und sein Weib, die schöne Binderin, trieben es von Tag zu Tag ärger.

Der Hexenmeister verstand sich auf die Kunst, die Gestalt jedes beliebigen Tieres anzunehmen, und am liebsten verwandelte er sich in einen Bären. Brum-

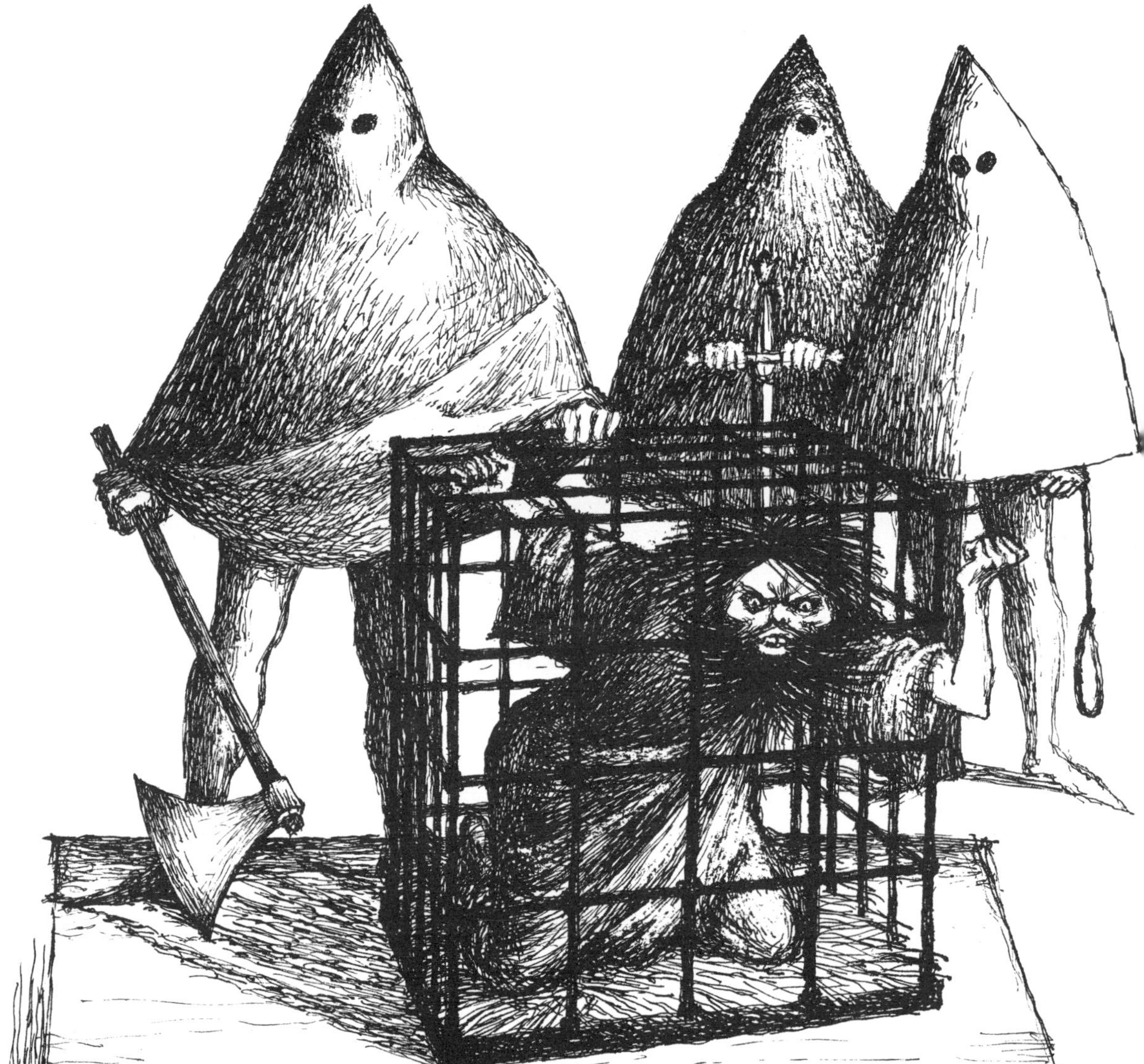

mend trabte er durch das Dickicht der Wälder, ängstigte die Bauern und raubte ihnen ihr Vieh.

Eines Tages suchte er in dieser Gestalt die schönen Gehöfte am Fuß des Grafenberges auf. Die sogenannten „Grafenbauern" waren bekannt wegen ihres Wohlstandes. Gerade wurden die Rinder auf die Weide getrieben, da brach der Bär aus dem Hinterhalt hervor und schlug seine Tatzen in die Weichen einer aufbrüllenden Kuh. Ein Stein, von geübter Hand geschleudert, traf das gefährliche Raubtier aber so stark in der Flanke, daß es die Kuh losließ — und plötzlich stand der Brocknerjack vor dem erschrockenen Bauern. Der Hexenmeister krümmte sich vor Schmerzen: „Wartet nur, ihr hochmütigen Bauern, euch soll das Lachen noch vergehen! In drei Teufels Namen! Den ganzen Grafenberg werde ich auf euch loslassen!" Dann hinkte er schimpfend davon.

Bald darauf wurde die schöne Binderin gefangengenommen und zu Lienz als Hexe verbrannt. Diesen Verlust konnte der Brocknerjack nicht ertragen. Er war schon alt, die Einsamkeit machte ihn melancholisch, und er wurde unvorsichtig. Eines Nachts überfielen ihn die Häscher im Schlaf, rissen ihn in die Höhe, so daß er die Erde nicht mehr berühren konnte, und sperrten ihn dann wie ein wildes Tier in einen eisernen Käfig. So brachten sie ihn über den Iselsberg nach Lienz und vor das hohe Gericht.

Von nah und fern strömte wieder eine große Volksmenge auf den Richtplatz der Stadt, wo der gefürchtete Zauberer auf einem mächtigen Holzstoß, in seinem Käfig sitzend, den Tod erwartete. Bald prasselte das Feuer, die Flammen schlugen hoch empor, und von dem Brocknerjack, der ein Leben lang der Schrecken und die Geißel des Landes gewesen war, blieb nur noch ein Häufchen Asche übrig, das der Wind nach allen Richtungen verwehte.

Befreit atmete das Volk auf, nur die Bauern am Grafenberg wurden ihres Lebens nicht mehr froh. Denn bald nach dem Tod des Zauberers regte sich in den Gräben und Schluchten des Berges ein unheimliches Leben. Die Bäche, die früher sanft murmelnd über grüne Almen und durch schattige Wälder ihren Lauf genommen hatten, begannen plötzlich sogar bei leichtem Regen anzuschwellen und als tobende Wildbäche über die Ufer zu treten. Aus dem Inneren des Berges hörten die Leute dumpfes Grollen, die Erde bebte und brach auf. Felsmassen polterten mit Geröll und entwurzelten Bäumen zu Tal und verheerten das Land.

Da erinnerten sich die Bauern der schrecklichen Drohung des Hexenmeisters, und die Angst saß ihnen im Nacken, wenn sie zu mitternächtlicher Stunde die Geister des Zauberers und seines Weibes, der schönen Binderin, mit feurigen Schaufeln emsig auf dem Berge graben sahen.

Von dieser Zeit an schwand der Wohlstand der Grafenbauern. Der Fluch des Brocknerjack war in Erfüllung gegangen.

Die Nixe vom Koralpensee

Aus der Dorfschenke drang fröhlicher Lärm auf die nächtliche Straße. Eine lustige Gesellschaft hatte sich hier getroffen, denn früh am nächsten Morgen wurde das Vieh auf die Alm getrieben, und der Abschied von daheim mußte nach altem Brauch gefeiert werden. Die jungen Leute, die Hüter und Melker, die Sennerinnen und Jäger, tanzten und sangen, und die Alten saßen gemütlich beisammen und sprachen bei einem Glas Roten von früheren Zeiten.

Da ergriff ein weißhaariger Almhirt das Wort: „Ihr wißt doch wohl alle, daß hoch oben auf der Koralpe zwischen den steinigen Abhängen und Geröllhalden ein dunkler See liegt." Er hielt eine Weile inne und blickte, Zustimmung heischend, in die Runde. „Aber daß in seinen Tiefen eine wunderschöne Nixe haust, die jeden verdirbt, der mit Absicht einen Stein in das Wasser wirft, davon hat noch keiner gewußt." Zweifelnd hatten die Männer zugehört, denn die Geschichte kam ihnen recht unglaubwürdig vor. Ja, einige lachten sogar. Da wurde der Alte aber wild, er schlug mit der Faust auf den Tisch und rief: „Ob ihr's glaubt oder nicht, aber ich hab' das Wasserweib mit eigenen Augen gesehen!" Jetzt drängten sich alle um den Hirten: „Sei doch nicht gleich so grantig, red nur weiter, wir haben es nicht so bös gemeint." Besänftigt begann also der alte Mann:

„Es war vor vielen Jahren um dieselbe Zeit. Wir hatten gerade die Herden zur Alm hinaufgetrieben und waren endlich zu Mittag oben. Das Vieh lagerte sich, träge wiederkäuend, im Schatten der Lärchen. Ich zählte meine Tiere und da fehlte ein junger Stier. Schimpfend machte ich mich auf die Suche. Hundemüde stieg ich in der Mittagshitze die Felsen hinauf, überquerte die steilen Geröllhalden und spähte verärgert umher. Endlich sah ich den Ausreißer an dem felsigen Ufer des Sees. Rasch lief ich bergab und stieß mit dem Fuß unabsichtlich an einen Stein, der vor mir herkollerte und schließlich aufklatschend in das Wasser fiel.

Da teilte sich der Spiegel des Sees, es wogte und rauschte und aus der dunklen Tiefe tauchte eine grüne Wassernixe. Ich blieb wie angewurzelt stehen und starrte die Erscheinung an. Mein ganzes Leben hab' ich kein schöneres Weib gesehen. Die Nixe aber hob drohend die Hand und rief: ‚Wage es nie mehr, einen Stein in den See zu werfen! Der nächste, der mein Gebot übertritt, ist des Todes!' Dann schlugen die Wellen wieder über ihr zusammen."

Der Alte hatte geendet. Einige der Mädchen, die auch zugehört hatten, kicherten, und eine flüsterte der anderen ins Ohr: „Ich kann's beinah nicht glauben, daß die Wasserfrauen so viel schöner sein sollen als wir." Die Burschen machten derbe Witze und holten die Sennerinnen wieder zum nächsten Tanz.

Nur einer, ein auffallend hübscher Junge, saß schweigsam in dem Trubel. Alle die Mädchen sahen ihn gern, doch er schaute sie gar nicht an. Die Erzählung des

Hirten hatte seine Phantasie entzündet. Was waren die derben Bauerndirnen schon gegen eine feenhafte Seejungfrau? Ja, er mußte die Nixe sehen. Warum sollte sie sich ihm nicht zeigen, auch ohne daß er sein Leben wagte?

Früh am nächsten Morgen stieg er also allein zur Alm hinauf. Er wanderte zu dem See und schaute nachdenklich und voll Sehnsucht auf die dunkle, spiegelglatte Wasserfläche. Er saß stundenlang an dem steinigen Ufer, und erst als die Nacht hereinbrach, als Mond und Sterne schon am Himmel leuchteten, trat er langsam den Heimweg an. So oft er konnte, ging er nun auf den Berg, und immer wieder zog es ihn zu dem Wasser.

Eines Abends wurde sein Verlangen nach der schönen Nixe so stark, daß er kurz entschlossen das Schicksal herausforderte. Er nahm einen großen Stein und warf ihn mitten in den glatten, ruhigen See. Da sprengten die schlummernden Kräfte der Natur plötzlich ihre Fesseln. Die Erde erbebte, Donner rollten und hallten von den Felsen wider, der See begann zu brodeln und zu wallen, und Blitze schlugen krachend in das aufgepeitschte Wasser.

In diesem wilden Aufruhr der Elemente tauchte die Nixe, zauberhaft schön, aus den schaumgekrönten Wogen und blickte den Jüngling drohend an. Den ergriff die pure Angst, und er wollte fliehen, doch zu seinem Schrecken konnte er sich nicht mehr von der Stelle rühren. Ein wildes Dröhnen erfüllte die Luft, ein Stöhnen — dann herrschte Grabesstille.

Am nächsten Morgen fanden Hirten den jungen Mann tot am Ufer des Sees. Sie knieten erschüttert nieder. „Das hat die Nixe getan", flüsterten sie sich zu. Nach einem kurzen Gebet zimmerten sie eine Bahre, legten den Toten darauf und trugen ihn zu Tal. Rasch verbreitete sich die Nachricht von dem geheimnisvollen Tod des hübschen Burschen, dem die schöne Wasserfrau zum Verhängnis geworden war. Die Nixe aber hat seither niemand mehr gesehen.

Die weiße Rose von Arnoldstein

In Arnoldstein im Gailtal stand einst ein bedeutendes Benediktinerkloster, zu dem alljährlich tausende Wallfahrer von nah und fern pilgerten. Dieser heilige Ort war durch seine Wunder im ganzen Lande berühmt, und eines davon betraf im besonderen die frommen Benediktiner. Bevor nämlich einer der Väter in das Jenseits abberufen wurde, fand er zur Frühmesse eine weiße Rose auf seinem Chorstuhl liegen. Er schloß sich daraufhin in seine Zelle ein, und während die Brüder in der Kirche das „de profundis" sangen, bereitete er sich auf den Tod vor. Dieses Rosenwunder gehörte schon so sehr zum alltäglichen Leben der Mönche, daß es keinen von ihnen mehr überraschte oder erschreckte.

An einem kalten, stürmischen Novemberabend klopfte es zaghaft an das Klostertor von Arnoldstein. Der Pförtner öffnete, und draußen stand in Wind und Regen ein armes Weib mit einem Knäblein auf dem Arm. Die Frau war so krank und elend, daß sie sich kaum mehr auf den Beinen halten konnte. „Um Christi Barmherzigkeit willen laßt mich ein, ehrwürdiger Vater, und gebt mir und dem Kleinen da Obdach. Ich kann nicht mehr weiter!" stieß sie mit tränenerstickter Stimme hervor. Der Mönch brachte die beiden mitleidig zu dem Meier des Klosters und sorgte, so gut er konnte, für Mutter und Kind. Doch alle Mühe für die kranke Frau war vergebens. Sie fühlte den Tod herannahen, und als der Mönch in die Stube trat, sagte sie mühsam und mit leiser Stimme: „Ihr wart so gut zu uns, ehrwürdiger Vater, der liebe Gott möge es Euch dereinst vergelten! Ich bitte Euch, verlaßt die arme Waise nicht, sie steht ganz allein in der Welt." Sie küßte noch einmal ihren Knaben, dann seufzte sie tief und hauchte ihr Leben aus.

Auf des Pförtners Bitte wurde das Kind in der Obhut des Klosters behalten. Die Brüder tauften es auf den Namen Johannes, und alle liebten den stillen, sanftmütigen Knaben. Der Bruder Pförtner war wie ein Vater zu ihm. Er spielte und scherzte mit dem Kleinen und behütete ihn wie seinen Augapfel. Johannes wurde sorgfältig erzogen und von den gelehrten Mönchen in Latein und anderen Fächern der Wissenschaft unterrichtet. Er lernte voll Eifer und machte überraschend gute Fortschritte. Trotzdem schien er nicht für diese Welt geschaffen zu sein. So manche Stunde des Tages verbrachte das blasse Kind in der Abgeschiedenheit der Kirche, es saß in einem dämmerigen Winkel, sah dem Spiel der Sonnenstrahlen zu und träumte mit offenen Augen vom Himmel mit seinen Engeln und wünschte sich nichts sehnlicher, als recht bald dort oben bei seiner Mutter zu sein.

Die Zeit verging, und aus dem Kind war ein Jüngling geworden. Eines Tages trat der Bruder Pförtner, der die Jugendjahre des Zöglings geleitet und behütet hatte, zu ihm, sah ihn traurig an und sprach: „Lebe wohl, Johannes, ich muß dich nun verlassen, denn meine Stunden sind gezählt. Der Herr segne und beschütze dich! Heute früh habe ich in meinem Chorstuhl die weiße Rose gefunden." Da weinte der Jüngling bitterlich und klammerte sich an seinen Pflegevater, als ob er ihn dadurch auf der Erde festhalten könnte. Doch dieser befreite sich sanft aus Johannes' Armen, küßte ihn auf die Stirn und schloß sich sodann in seine Zelle ein. Tags darauf trugen die Mönche ihren Bruder unter Gebeten und Trauergesängen auf den Klosterfriedhof.

Immer mehr zog es jetzt Johannes hinüber zu seiner unbekannten Mutter und zu dem geliebten Pflegevater. Er wurde noch stiller als bisher und betete täglich zu Gott, daß auch er bald die weiße Rose finden möge.

Der Abt bemerkte die Todessehnsucht des in sich gekehrten jungen Mannes. Er ließ ihn zu sich rufen. „Johannes, ich glaube zu wissen, wonach du trachtest", sprach er zu ihm, „aber ist es dir auch bekannt, daß das Rosenwunder nur einem geweihten Priester zuteil werden kann?" Ernst erwiderte der Jüngling: „Das habe ich nicht gewußt, hochwürdigster Herr, aber wenn es möglich ist, so bitte ich Euch, mir die priesterlichen Weihen zu geben." Da der Klosterzögling alle nötigen Vorkenntnisse besaß, konnte sein Verlangen leicht erfüllt werden.

Am Tage Johannes des Täufers sollte der neugeweihte Pater die erste heilige Messe lesen. Die Kunde von dieser Primiz verbreitete sich rasch, und die Wallfahrer kamen aus allen Himmelsrichtungen, um den Segen des jungen Priesters zu empfangen.

Als das Hochamt zu Ende war, schritt Johannes, von dem Sakristan begleitet, durch die dichtgedrängten Reihen des andächtigen Volkes. Da kniete vor ihm in der Menge ein Mädchen, dessen zartes, blasses Gesicht einen seltenen Liebreiz ausstrahlte. Selbstvergessen blieb der junge Pater vor dem Mädchen stehen. Der Sakristan flüsterte ihm zu: „Den Segen, Hochwürden, den Segen!" Und Johannes legte wie im Traum seine Rechte auf das Haupt der Andächtigen. Als das Mädchen die gesenkten Augen aufschlug und die segnende Hand ergriff und an die Lippen führte, wankte der junge Priester.

Wie aus weiter Ferne drangen die Glückwünsche der Mönche an sein Ohr. Beim Festmahl brachte er keinen Bissen hinunter, und kaum war das Mahl beendet, eilte er in seine Zelle. Doch Johannes fand keinen Schlaf. Er konnte auch nicht lesen, denn die Zeilen verschwammen ihm vor den Augen, und ihr Sinn verwirrte sich. Ratlos kniete er vor dem Gekreuzigten.

Johannes verbrachte eine qualvolle Nacht, und bevor der Morgen graute, ging er durch den düsteren Kreuzgang in die Kirche hinüber. Die Glocke hatte noch nicht zur Hora geläutet, es war still und dunkel in dem Gotteshaus, nur vor dem Hochaltar brannte das Ewige Licht. Der junge Priester schritt mit gesenkten Augen und gefalteten Händen auf seinen Chorstuhl zu — da lag die weiße Rose, die er noch vor einem Tag so ersehnt hatte, auf seinem Platz!

Nun aber betete er verzweifelt: „O Gott, ich bin noch jung, laß mich jetzt nicht sterben! Nimm die Alten und Schwachen zu dir und verschone mich, o Herr!"

Kaum hatte er diese vermessenen Worte gesprochen, als ihm blitzartig der Gedanke kam, die Rose an einen anderen Platz zu legen. Er dachte an den grei-

sen Pater Vinzenz, der sich nur noch mühsam auf seinen Krücken fortschleppen konnte. Dieser schien Johannes reif für den Tod. Sein Herz sträubte sich zwar noch gegen diesen Frevel, doch da erklang die Glocke, welche die Mönche zur Frühmesse rief, und sein Entschluß war gefaßt. Vorsichtig hob er die Rose auf und legte sie in den Stuhl des kranken Bruders. Dann eilte er an seinen Platz zurück und begrub sein verstörtes Gesicht in den Händen.

Nach und nach kamen die Mönche in den Chor. Ihr Blick streifte die Rose auf dem Platz des alten Paters, und sie schritten schweigend und voll Mitgefühl vorüber. Zuletzt kam Vater Vinzenz hereingehumpelt. Als er die Blume erblickte, auf die er schon so lange gewartet hatte, pries er die Güte Gottes. Betend sank er zu Boden, und als die Brüder hinzutraten, um ihn in seine Zelle zu geleiten, bedurfte er ihrer Hilfe nicht mehr. Das Rosenwunder hatte sich wieder einmal vollzogen. Der fromme Greis war ohne Schmerz und Todeskampf in eine schönere Welt hinübergegangen, und ein seliges Lächeln lag auf seinem Antlitz.

Johannes eilte in seine Zelle. Die Morgensonne schien freundlich zu ihm herein, doch er kniete in schwerer Gewissensnot vor dem Gekreuzigten. „Johannes, du bist ein Mörder!" rief ihm unablässig und quälend eine innere Stimme zu.

Am Vormittag ließ der Prior den neugeweihten Priester rufen, um eine Leiche einzusegnen. Als Johannes durch das Mittelschiff der Kirche schritt, standen vor dem Hauptaltar trauernde und weinende Menschen um einen Sarg, der nach alter Sitte noch offen war. Der junge Pater trat zur Einsegnung heran, doch als er die Tote erblickte, sank er plötzlich bewußtlos zu Boden. Die erschrockenen Leute bemühten sich um den Mönch, der aber bald wieder aus seiner Ohnmacht erwachte. Er hatte das heimlich geliebte Mädchen, das jetzt tot vor ihm im Sarge lag, wiedererkannt. Mit großer Anstrengung raffte er sich auf und sprach andächtig und feierlich: „Requiem aeternam dona ei, Domine!" Dann nahm er eine weiße Rose vom Haupt der Toten, sprengte Weihwasser über sie und bestreute sie mit Erde.

Als die Verwandten mit dem Sarg die Kirche verlassen hatten, warf sich Johannes auf die Stufen des Hochaltars nieder und betete: „Ich habe dich verstanden, o Herr, und was ich gesündigt habe, will ich büßen."

Die Jahre vergingen, und schwere Zeiten brachen über das Land herein. Der Schwarze Tod hielt seine Ernte, und am Chor der Klosterkirche von Arnoldstein sah es aus wie in einem Gärtlein voll weißer Rosen.

Man fand den Pater Johannes überall dort, wo die Pest am ärgsten wütete. Er pflegte die Kranken und spendete den Sterbenden den letzten Trost. Tag und Nacht half er ohne Furcht vor Ansteckung und ohne sich zu schonen, ja es schien, als suche er den Tod. Aber an ihm ging die Seuche spurlos vorüber.

Im ganzen Land verbreitete sich der Ruf seiner Heiligkeit. Der Konvent trug ihm die Würde des Abtes an, doch er lehnte sie mit der Begründung ab, daß er ihrer nicht würdig sei. Sein Leben hatte er ganz in den Dienst der Nächstenliebe gestellt, die einzige Erholung war ihm der Gang auf den Friedhof, wo er das Grab des Paters Vinzenz sorgfältig pflegte.

Johannes hatte sein neunzigstes Jahr vollendet. Sein Leben war ihm eine schwere Last, und er sehnte sich schon lange nach dem ewigen Frieden. Am Tage nach dem Fest Johannes des Täufers fanden die Mönche ihren Bruder tot auf das Grab des Paters Vinzenz hingestreckt. Seine Rechte hielt eine weiße Rose an das Herz gepreßt, und sein ernstes Gesicht erhellte ein glückliches Lächeln.

Seit dieser Zeit hat keiner der Mönche von Arnoldstein je wieder das Rosenwunder erlebt.

Im Jahre 1345 wurde ein Großteil des Klosters durch einen Bergrutsch verschüttet, aber die wundersame Geschichte der alten Benediktinerabtei blieb uns bis auf den heutigen Tag erhalten.

Die Freimannshöhle

Auf halbem Weg zur Stangalpe kommt man an einer Höhle vorbei, von der die Sage geht, daß einst große Schätze in ihr verborgen gewesen seien. In längst vergangenen Tagen kam ein Venediger auf diese Alpe. Aufmerksam prüfend ging er umher, suchte und maß mit geheimnisvollen Instrumenten und entfernte sich dann schließlich mit einem leeren Beutel in den Händen. Als ihn der Bauer, der auf der Alm wohnte, mit einem prall gefüllten Sack auf dem Rücken zurückkehren sah, sagte der Venediger spöttisch: „Wenn die Leute wüßten, welchen Reichtum sie unter den Füßen haben, brauchten sie nicht so schwer zu arbeiten." Dann wandte er sich mit seiner Bürde dem Abstieg zu und ließ sich nie mehr sehen.

Den Bauer aber plagte lange die Neugier. Er dachte über die seltsame Rede des Fremden nach, und schließlich glaubte er sich zu erinnern, wohin der Venediger mit dem leeren Sack gegangen war. Suchend durchstreifte er die Alm nach der gewissen Richtung und gelangte so zu einem versteckten Platz. Dort lagen die schönsten bunten Steine verstreut auf dem Boden umher. Er hob einige davon auf und steckte sie in die Tasche, weil sie so hübsch waren. Dann suchte er weiter und fand ein kurzes Stück von dem Platz entfernt den Eingang zu einer Höhle, die mit Gold und Kostbarkeiten angefüllt war. Er nahm davon, soviel er nur tragen konnte, und versteckte es in aller Heimlichkeit zu Hause.

Der Bauer erzählte keinem Menschen von seiner Entdeckung, doch auf die Dauer konnte er seinen wachsenden Reichtum nicht verbergen, und der Neid seiner Nachbarn erwachte. Sie gingen in die nächste Stadt auf das Gericht und zeigten ihn an. Der Verdächtige wurde vorgeladen und peinlich befragt, woher er das viele Geld habe. Man bezichtigte ihn der Zauberei oder des Diebstahls, doch der Mann schwieg auf alle Fragen, und so oft sie ihn auch quälten und folterten, er gab sein Geheimnis nicht preis.

Also wurde er zum Tode verurteilt. Die Henkersknechte warfen ihn, mit Stricken gebunden, in ein finsteres Verlies, von dem er im Morgengrauen auf den Richtplatz geführt werden sollte. Die letzte Nacht des Bauern war hereingebrochen. Hilflos und verzweifelt schmachtete er im tiefen Kerker. Was nützte jetzt all sein Reichtum, wenn er doch sterben mußte?

Da öffnete sich plötzlich leise die Türe, und vor dem erschrocken auffahrenden Mann stand der Scharfrichter. Ein Mondstrahl streifte sein furchterregendes Gesicht, und das Rot seines Mantels, der ihm lose um die Schultern hing, leuchtete grell auf. Lauernd fragte er den armen Sünder: „Willst du in deiner letzten Stunde nicht doch gestehen, woher du deinen unerklärlichen Reichtum hast?" Da erzählte ihm der Bauer in seiner Todesangst von dem Fund in der Goldgrotte. Der Henker war sichtlich überrascht von dieser Offenbarung und ver-

sprach dem Gefangenen, ihn am Leben zu lassen, wenn er ihn noch jetzt in der Nacht auf den Berg und zu der Höhle führe.

Der Freimann löste also die Stricke des Gefangenen, und das ungleiche Paar brach auf. Hell schien der Mond auf die nachtdunklen Wege, und der Bauer genoß in tiefen Atemzügen die frische, köstliche Waldluft. Es dauerte nicht lange, so erreichten sie die versteckte Schatzkammer.

Die Augen des Scharfrichters glänzten gierig, als er die unermeßlichen Reichtümer vor sich ausgebreitet liegen sah. Wollte er diesen Schatz allein besitzen, so mußte er den unbequemen Mitwisser aus dem Wege räumen. Der Unhold dachte nicht mehr daran, sein Versprechen zu halten. Er zog das scharfe Schwert aus der Scheide und hieb damit dem vor ihm von dem Schatz geblendeten Bauern mit einem Schlag den Kopf vom Rumpfe. Dann verscharrte er den Toten und wollte sich die Taschen mit dem Golde füllen. Doch seiner bösen Tat folgte augenblicklich die Strafe.

Der Mörder war durch eine unerklärliche Gewalt an die Höhle gebannt. Mit dem roten Mantel des Henkers angetan, das bloße Schwert in den Händen haltend, mußte er so, jahrhundertelang büßend, den Eingang der Grotte bewachen.

Von zwei mutigen Männern erzählt noch die Sage, denen es auch gelungen war, Gold aus der Schatzhöhle herauszubringen.

Der eine war ein Klosterknecht aus Ossiach, der mit goldgefüllter Kappe zurückkehrte, aber keinem erzählte, welche Abenteuer er bestehen mußte.

Dem anderen, einem armen Bergknappen, hatte die bittere Not seiner Familie den Mut der Verzweiflung verliehen. Er stellte sich unerschrocken vor den Geist des Henkers und bat ihn, entweder seinen Leuten zu helfen oder ihn zu töten. Der Freimann gestattete ihm aber, von dem Gold zu nehmen, was er wollte. Der arme Knappe nützte diese Großzügigkeit nicht aus, er nahm nur so viel, daß er über das ärgste Elend hinwegkam. Seine Bescheidenheit wurde jedoch belohnt. Reicher Segen lag von nun an auf seinen Feldern, und er gehörte bald zu den wohlhabendsten Bauern der Gegend.

Die Sage vom Wörther See

Wer heute an den Wörther See kommt, der wird wohl die reizvolle Landschaft bestaunen können, er wird sich über das bunte Leben und Treiben freuen, das an den Ufern des herrlichen Alpensees herrscht, und er wird genußvoll durch die warmen Wellen des türkisgrünen Wassers schwimmen. Aber vieles ist uns schon verlorengegangen in dem wilden Trubel und Lärm dieser Zeit. Die geheimnisvollen Laute der Natur sind verhallt.

In früheren Jahrhunderten, als der See noch einsam war und nur wenige Schiffe seine Fluten durchkreuzten, da konnte es ab und zu geschehen, daß ein stiller Ruderer in der Mitte des Sees ein feines Klingen und Läuten vernahm, oder daß er tief unten im Wasser schattenhaft und schwankend den Turm einer Kirche oder die Dächer einst schöner, jetzt aber geborstener Häuser erschaute.

An der Stelle, wo sich heute die riesige Wasserfläche des Wörther Sees ausbreitet, stand nämlich vor tausenden Jahren eine große, reiche Stadt. Die Bewohner trieben Handel mit fernen Ländern und waren fleißige und tüchtige Leute. Ihre Häuser hatten sie fest und stattlich erbaut und prunkvoll ausgestattet.

Aber der Reichtum bekam den Städtern auf die Dauer schlecht. Sie wurden leichtsinnig und übermütig. Die kostbarsten Stunden ihres Lebens vergeudeten sie, ihr Geld verjubelten sie, und auf Gott hatten sie ganz vergessen. Wohl überragte eine prächtige Kirche die Dächer der Stadt und rief die Andächtigen mit vollem Glockenton zur Messe — aber niemand kam, es gab keine Gläubigen mehr. Genuß und Vergnügen hießen jetzt ihre Götter.

So war wieder ein Weihnachtsabend herangekommen, und in dem großen Festsaal des Rathauses ging es äußerst lustig zu. Hier hatten sich die übermütigen Bürger versammelt, hier wurde getafelt und gebechert, getanzt und gesungen.

Die Glocken riefen die Christen zur Weihnachtsmette. Durch Stimmengewirr und Gelächter und durch das laute Fiedeln der Geigen suchte sich der Klang mühsam seinen Weg zum Ohr der Menschen. Sie hörten ihn wohl wie aus weiter Ferne, aber er berührte ihr Herz nicht mehr, und es fiel ihnen nicht ein, ihm zu folgen.

Da ging die Tür des prächtigen Saales auf, und ein kleines Männlein in grauem Gewand, mit eisgrauem, wallendem Bart schritt mitten unter die Tanzenden. Sein Gesicht war ernst und paßte wenig unter die betrunkenen, johlenden Zecher. „Höret auf mich!" rief er mit lauter, grollender Stimme. „Eben beginnt die Christmette, und gehet hin, verlaßt diesen Saal, wenn euch euer Leben lieb ist!" Rohes Gelächter antwortete ihm immer und immer wieder, und als er mit finsterem Blick endlich hinausschritt, riefen sie ihm noch höhnische Schimpfworte nach.

Da schlug die Turmuhr Mitternacht. Die Tür des Saales sprang neuerlich auf,

und aus der kalten, finsteren Winternacht trat das Männlein zum zweiten Male in den schon dunstigen, trotz der vielen Kerzen nur schwach erhellten Saal. Der ernste Mahner ging mit energischen Schritten in die Mitte des Saales, legte ein kleines Faß, das er unter dem Arm trug, auf einen Stuhl und erinnerte die tanzenden und lachenden Bürger noch einmal an ihre Christenpflicht. Als der graue Zwerg wieder nur Hohn und Spott erntete, rief er zornig: „Ihr wollt es nicht anders, so komme Tod und Verderben über euch und eure sündige Stadt!"

Mit diesen Worten durchschlug er den Spund des Fasses, das immer größer und größer wurde. Wasser schoß heraus, es sprudelte unentwegt, und im Nu war der Boden des Saales überschwemmt. Die Leute mühten sich, die Wasserflut abzuwenden, aber es half nichts. Sie riefen nach dem Männchen, doch dieses war spurlos verschwunden.

Flammende Blitze erhellten jetzt die Fenster, und dröhnende Donnerschläge ließen nun die Mauern erbeben. Regen lief durch die Balken, aus jeder Ritze strömte das Wasser, und aus dem Boden quoll es hervor. Die eben noch betrunkenen Menschen waren mit einem Schlag nüchtern geworden, aber ihre Reue kam zu spät. Nichts konnte sie mehr retten, und sie mußten in den steigenden Fluten elend ertrinken.

Allmählich versanken die Häuser, es verschwanden Kirche und Hügel, Wiese und Wald und alles, was lebte und atmete in freier Himmelsluft. Eine große, graue Wasserfläche bedeckte wie ein riesiges Bahrtuch das einst so blühende Land.

Kaum einer aber denkt heute noch an diese Geschichte, wenn sich zu seinen Füßen die sanften Wellen des schönen Wörther Sees kräuseln und leise plätschernd an das Ufer schlagen.

Der Fluch des Bettlers

Zur Zeit des Dreißigjährigen Krieges lebte auf Schloß Porcia in Spittal an der Drau Graf Georg von Ortenburg mit seiner Gattin Katharina von Salamanca. Heute noch bewundern Kunstfreunde und Kenner den Prachtbau der italienischen Renaissance, in dessen Ahnengalerie das lebensgroße Bildnis der Gräfin zu sehen ist. Sie soll eine sehr schöne Frau gewesen sein, doch aus dem blassen Antlitz des Gemäldes blicken durchdringende Augen, die schmalen Lippen sind fest geschlossen, und ein Pantoffel in der erhobenen Rechten unterstreicht noch den harten Ausdruck ihres Wesens.

Die Ortenburger waren sehr reiche und angesehene Herren, die allezeit ein mildes Regiment über ihre Leibeigenen und das ihnen anvertraute Volk geführt hatten. So durften die Armen regelmäßig in das Schloß kommen, wo sie Speise und Trank erhielten und ihnen Linderung ihrer Not zuteil wurde. Als jedoch Herr Georg Katharina als Gemahlin heimgeführt hatte, merkten Untertanen und Gesinde nur zu bald, daß Güte und Milde auf Schloß Ortenburg von jetzt an unbekannte Namen sein sollten. Die schöne, junge Frau war so hartherzig und geizig, daß die gesamte Dienerschaft vor ihr zitterte und kein Armer der kleinen Stadt sich mehr in den Burghof wagte.

Graf Georg selber war viel zu schwach, um der mitleidlosen Herrschaft seiner Gattin Einhalt zu gebieten. Dem gütigen und nachgiebigen Mann waren im Handumdrehen die Zügel von seiner jungen Frau entrissen worden, und nun konnte sie ganz nach ihrem Belieben schalten und walten.

Bald war der Ehe des Ortenburgers ein Sohn entsprossen, und so kalt und mitleidslos die Gräfin im allgemeinen war, dieses ihr einziges Kind vergötterte sie über die Maßen. Nichts ward dem Junker verwehrt, jeder Wunsch wurde ihm erfüllt, und als er zum Jüngling herangewachsen war, fürchteten ihn die Leute noch mehr als seine harte Mutter.

Eines Abends saßen Graf Georg und seine Frau Katharina mit vielen geladenen Gästen in dem großen, kerzenerhellten Saal des Schlosses beim festlichen Mahle. Die Diener trugen unentwegt Schüsseln mit den köstlichsten Gerichten herein und setzten sie auf die lange, blumengeschmückte Tafel. Sie gossen edlen Wein in funkelnde Pokale und waren so unermüdlich um das leibliche Wohl der schmausenden Damen und Herren besorgt.

Plötzlich stürmte ein Häuflein zerlumpter Jammergestalten mit dem Mute der Verzweiflung über die breite Treppe herauf und drängte sich herein in den prächtigen Saal.

Als Katharina die Armen erblickte, die es trotz der schlimmen Erfahrungen, die sie schon so oft im Schlosse gemacht hatten, noch einmal wagten, vor ihren

Augen zu erscheinen, fuhr sie erbost auf. Alle Röte war aus ihren Wangen gewichen, die schmalen Lippen kniffen sich fest zusammen, und ihre sonst so kalten Augen funkelten vor unbeherrschtem Zorn.

Die Bitten der Hungernden um ein Stückchen Brot konnten das Herz der Gräfin nicht rühren, und wütend wies sie das Gesindel ab. Als die Bettler sich aber trotzdem nicht verjagen ließen, rief sie, während ihre eben noch so fröhlichen Gäste entsetzt verstummten, nach der Peitsche.

Jedoch der Sohn kam seiner Mutter zuvor. Er sprang auf und hetzte die Bluthunde, die zu seinen Füßen lagen, auf die erschrocken zurückweichende Schar, die weinend und schreiend ihr Heil in schnellster Flucht suchte. Ein alter Mann, den die Kräfte verlassen hatten, war auf der Schloßtreppe zusammengebrochen, und laut aufheulend stürzte sich die Hundemeute auf den Verlorenen.

Da richtete sich der blutüberströmte Greis noch einmal mit größter Anstrengung auf und rief der stolzen Salamanca zu: „Wie du mich hier mit meinen Todeswunden siehst, so soll dein Sohn einst vor dir liegen. Dein Geschlecht verlösche, um nie mehr zu erstehen, als Letzte deines Stammes sollst auch du elend zugrunde gehen!"

Seit diesem schrecklichen Ereignis war einige Zeit verstrichen, als eines Tages der Junker nach Villach ritt, um sich dort mit Freunden zu treffen. Seine Hunde, die ihm überallhin folgten, liefen neben ihm her, und wo immer der hochmütige Jüngling vorbeikam, wichen die Leute scheu und ängstlich zur Seite.

Da traf er einen ihm fremden jungen Mann auf dem Weg, der zwei prachtvolle Hunde führte. Sogleich hielt der Junker an, denn nichts erweckte sein Interesse so sehr als edle Tiere.

Die Männer unterhielten sich eine Weile, und im Laufe des Gesprächs zeigte es sich, daß der Fremdling der Enkel jenes Bettlers war, der an dem unseligen Festabend von des Junkers Hunden zerrissen worden war. Der Ortenburger hütete sich wohl, dem jungen Mann zu erzählen, daß sein Großvater tot sei und auf welch schreckliche Weise er sein Leben verloren hatte.

Sie sprachen von diesem und jenem und machten sich schließlich gemeinsam auf den Weg in die Stadt. Der junge Ortenburger hatte mittlerweile solchen Gefallen an den schönen Rüden gefunden, daß er sie haben mußte, koste es, was es wolle, und bei einem guten Glas Wein wollten sie den Handel abschließen.

Vielerlei Volk tummelte sich auf dem Marktplatz von Villach, und auf einmal schien es dem Fremden, als sähe er seinen weißhaarigen Großvater vorübergehen, der ihm zuwinkte und lächelte. Er zwängte sich sogleich durch die dichte Menge und ließ so den Junker mit seinen Hunden einen Augenblick allein zurück.

Der hatte seine ganze Aufmerksamkeit den schönen Tieren zugewendet, er lockte und liebkoste sie und überhörte dabei völlig das gefährliche Knurren seiner eigenen Hunde. Die drängten sich, eifersüchtig geworden und Liebe heischend, an ihren Herrn. Als sie dieser jedoch, die von ihm nur die beste Behandlung gewöhnt waren, derb und unbeherrscht zurückstieß, verwandelte sich ihre

Treue und Anhänglichkeit plötzlich in wütenden Haß. Sie stürzten sich zähnefletschend auf den Junker und zerfleischten ihn auf der Stelle.

Man brachte den furchtbar verstümmelten Leichnam in das väterliche Schloß, wo er unter Weinen und Wehklagen zu Grabe getragen wurde. Der Schmerz Katharinas kannte keine Grenzen, doch bald nach dem Verlust des Sohnes wurde sie auch des Gatten beraubt.

Von diesem Augenblick an wandte sich die Gräfin ganz von den Menschen ab. Ihr einziges Sinnen galt nur mehr ihren reichen Schätzen. Da sie keinen Erben besaß, wollte sie diese Reichtümer nicht in fremde Hände fallen lassen, und sie beschloß, Gold und Geschmeide an einem geheim gehaltenen Ort einmauern zu lassen.

Mit Hilfe einer ihrer vertrauten Dienerin ließ sie einen Handwerker ausfindig machen, der weder Eltern noch Geschwister, weder Frau noch Kinder hatte. Dieser Mann mußte in einem unterirdischen Gewölbe des Schlosses eine Mauer errichten. Täglich prüfte sie den Fortgang der Arbeit, und als das Werk beinahe vollendet war, versetzte die hinterlistige Frau dem Mann, der oben auf der Mauer stand, einen so kräftigen Stoß, daß der Unglückliche in das dunkle Gelaß hinunterstürzte, wo er elend verhungern mußte.

Auf diese Weise hatte die unheimliche Gräfin einen Mitwisser zum Verstummen gebracht. Nun wußte nur noch die Zofe um das Geheimnis. Dies ließ Katharina keine Ruhe, sie mußte sich auch noch der letzten Zeugin entledigen. Eines Nachts schlich sie sich also an das Lager der friedlich Schlummernden, und ohne zu zögern erschlug sie die Dienerin mit einem schweren Pantoffel.

Nach dieser schrecklichen Bluttat jedoch begann das schlechte Gewissen die Mörderin zu quälen. Ruhelos irrte sie Tag und Nacht durch die öden Säle des Schlosses, denn die meisten Diener hatten sie schon verlassen, und die Rufe und Befehle der Gräfin verhallten ungehört in den leeren Gängen.

Die einsame Frau verfiel in schwere Krankheit, Fieberschauer schüttelten sie vor Angst, und der Schrecken vor den ewigen Flammen raubte ihr den Schlaf.

Eines Morgens fand man Katharina von Salamanca tot auf dem kalten Steinboden hingestreckt. Sie war die Letzte des Geschlechts der Ortenburger, und somit hatte sich der Fluch des Bettlers erfüllt.

Aber auch im Grabe sollte die Salamanca lange Zeit keinen Frieden finden, und gar manche Sage erzählt davon, daß die Tote sich stets als Künderin kommenden Unheils gezeigt habe. Um Mitternacht glitt ihr gespenstiger Schatten durch die Gänge, und wehe dem Frechen, der es wagte, dem Geist entgegenzutreten. Ein Schlag des Pantoffels traf ihn so derb, daß er taumelnd zu Boden stürzte und erst am Morgen unter Schmerzen aus tiefer Ohnmacht erwachte.

Hinweis auf benützte Literatur

Johann, Ritter von Alpenburg, Deutsche Alpensagen, Wien 1861
Ludwig Bechstein, Die Volkssagen, Märchen und Legenden des Kaiserstaates Österreich, Leipzig 1841
Felix Dahn, Walhalla
R. v. Freisauff, Salzburger Sagen, Wien, Pest, Leipzig 1880
Johann Adolf Heyl, Volkssagen, Bräuche und Meinungen aus Tirol, Brixen 1897
Dr. J. Nover und G. Höcker, Freiheitshelden, Glogau 1900
Nikolaus Huber, Die Sagen vom Untersberg, Salzburg 1897
Johann Krainz, Mythen und Sagen aus dem steirischen Hochlande, Bruck a. d. M. 1880
Martinus Meyer, Schlern-Sagen und -Märchen, Innsbruck 1891
Martinus Meyer, Sagenkränzlein aus Tirol, Innsbruck 1884
Prof. J. Rappold, Sagen aus Kärnten, Leipzig 1887
Maria Savi-Lopez, Alpensagen, Stuttgart 1893
Alexander Schöppner, Sagenbuch der bayerischen Lande, 1. und 2. Band, München 1852
Theodor Vernaleken, Alpensagen, Wien 1858
Dr. F. J. Vonbun, Die Sagen Vorarlbergs, Innsbruck 1889
Leopold Ziegelhauser, Schattenbilder der Vorzeit, Wien 1844
Ignaz und Vinzenz Zingerle, Sagen, Märchen und Gebräuche aus Tirol, Innsbruck 1859
Historisches Schatzkästlein für Bayern, München 1832